華麗なグラスリッツェン
もっと素敵な手彫りガラス

井上裕子著

撮影協力／湘南ホテル

図案・彫り方／嫁ぐ日81〜85ページ

レース模様

貴婦人の手袋のような繊細さを託して彫り込みました。

図案・彫り方／レース模様のキャンデーBOX 50ページ

My Engraving

装 飾

ちょっとお洒落なタッセルでお部屋に華やぎを添えたら
ついでに花器にも飾り彫りをしてみました。

図案・彫り方／タッセルと鍵の花器62ページ

図案・彫り方／ワインクーラー51〜53ページ

収 穫

葡萄の収穫を祝う乙女達をワインクーラーに彫り込み
縁の周りには葡萄をたわわに実らせました。

聖母戴冠 聖母戴冠／30cm×30cm×3.5cm

聖母子 図案・彫り方／聖母子の丸皿 86、87、90、91ページ

メリーゴーランドのコンポート／19.5cm×20cm

メリーゴーランド

遊園地で写真を撮ったり、書籍で調べたり
メリーゴーランドは奥深い乗り物だと感心しました。
図案に苦労し、デザインが重ならないように、
円周を5等分にしました。

My Engraving

誕 生

赤ちゃんの誕生を祝う気持ちを
点刻でコツコツと打ち込みます。
生まれたら名前とお誕生日を入れましょう。

図案・彫り方／天使のフォトフレーム86、89ページ

撮影協力／湘南ホテル

母と子の時間

アンティークの鏡を街角でみつけ、
その歪みも傷も心に自然に溶け込んで、
出会いの喜びに満ちた作品になりました。

楕円の鏡／56cm×82cm×2cm

ウエルカムボード

娘の結婚式のために心を込めて彫り始めました。
結婚記念日ごとに彫り加えて、10年後に仕上がる予定。
その時にはファミリーも増えているでしょうか。

撮影協力／湘南ホテル　　　図案・彫り方／ウエルカムボード56、57ページ

おもてなし

正確さが追求されるレース模様は
根気のいる作業ですが、
ケーキを入れるときの楽しみを
思い描いて彫り続けました。

ケーキドーム／35cm×20cm

桜

春爛漫の枝垂れ桜
ベルギーのショーウィンドーで
目をひいたデカンタに咲かせました。

図案・彫り方／デカンタ87、92ページ

ヤツデ

庭先のヤツデの葉を大皿いっぱいに重ねてみました。

図案・彫り方
ヤツデの丸皿58、59ページ

カラジュームと千日紅

図案に大小の差があり、難しい植物どうしの組み合わせに敢えて挑戦してみました。

図案・彫り方
六角大皿60、61ページ

モンステラとガーベラ

表葉と裏葉の表情を変えて彫ったモンステラと
ガーベラのモチーフを手吹きガラスの器に
吹き込みました。

図案・彫り方／モンステラとガーベラの花器54、55ページ

My Engraving

プロバンスの風

南欧の緑の風がテーブルの脇役たちを通り抜けていきます。

図案・彫り方
ソース入れ63ページ
ドレッシング入れ64、65ページ

楽園

たわわに実った果実に小鳥たちが集まります。

深型コンポート／20cm×22cm

ペアのワイングラス

ワイングラス／8cm×23cm

シンプルな図案も繰り返し彫り加えていったら、素敵なペアグラスになりました。

紫陽花

紫陽花の花びらを一枚、一枚、点刻で打ち加え
大皿いっぱいに咲かせました。
水を張って、キャンドルを浮かべてみても・・・

深丸皿／38cm×10.5cm

スカビオサ

中心の折り重なる花芯
その周りの軽やかな
動きのある花びらを
透明度の高いクリスタルの
デカンタに表現しました。

図案・彫り方
スカビオサのカラフェ66ページ

花器／28cm×18cm×17cm

王 族

英国調の重厚な書斎の雰囲気に合わせて、2頭のスフィンクスを力強く彫り込みました。

アールヌーボー　海外で買い求めた想い出の一品。繰り返しの模様に時間を費やしました。

アールヌーボーのコンポート／34cm×34cm×20cm

図案・彫り方／小花のキャンデーBOX88、93ページ

実 り

秋の夜長、葡萄のキャンドルスタンドの灯りで
旧友に手紙を書きました。
ゆっくり満ち足りた時間が流れます。

春

なにげなく咲いた小花や雑草を
スケッチして、春いっぱいの
キャンデーBOXに仕上げました。

キャンドルスタンド／15cm×15cm×36cm

朝露

6匹の蝶と蜘蛛、そして朝顔の組み合わせ
朝顔にキラキラ輝く蜘蛛の巣と
獲物を狙う蜘蛛が何とも怪しげです。

小鳥の囁(ささや)き

火を灯すとき、
小花たちの楽しいおしゃべりが聞こえます。
幼い頃の記憶が甦ります。

図案・彫り方／小花のキャンドルスタンド67ページ

オイルランプ／15cm×32cm

アネモネとフリージア

熱を通す火屋(ほや)は深彫りしないように
薄く軽く、注意して彫りましょう。
優しいランプに仕上がりました。
ふんわりと穏やかな春を楽しみます。

オイルランプ／9.5cm×22.5cm(大)・7.5cm×15cm(小)

お月見

5匹の白兎が踊り出して、秋の宴が始まります。

図案・彫り方／うさぎの大鉢68、69ページ

涼 風

初夏の涼やかな香りを器にも吹き込みました。

茶碗蒸し椀／9cm×9cm・豆皿／11cm×1.5cm

虫 籠

萩の花が咲き乱れ
鈴虫の音色を誘います。

図案・彫り方／虫籠の楕円皿72ページ
蓋付茶碗／11cm×5cm
箸置き／7cm×3cm

図案・彫り方／一寸法師の楕円皿70、71ページ

一寸法師

一寸法師の晴れの旅立ちを柳と花舟が祝います。
古くからの日本の模様を多く取り入れてみました。

宴

自分で彫った地炉利と盃で
お正月を主人と二人で祝います。
とても幸せな始まりです。

図案・彫り方／地炉利73ページ
グラス／8cm×8cm×7cm

密教

チベット密教の壁画に想いを馳せ
デザインをおこすのに時間をかけました。
球体のガラスにバランスを考え配置しました。

図案・彫り方／花器74、75ページ

光と春の花

庭で育つ花の成長に思いを込めて
器に写し取り、その過程を楽しみました。

デカンタ／17cm×15cm×25cm
グラス／7cm×7cm×9cm

アーリーアメリカン

アメリカの田舎の街並みと生活を
空いっぱいの虹が包みます。

チーズドーム／15cm×15cm

旅の想い出

ポケットのコインを取り出して
旅の想い出をグラスに刻みました。
これでお酒を飲んだら、また旅情が蘇ります。
想い出の押し花も閉じ込めました。

グラス／5.6cm×4.5cm×11cm

華

手吹きの大鉢にペイズリーとバラの花。
こんな華やかな組み合わせは器の個性に負けません。

クリスタルの大皿／36.8cm×8cm

気 品

カラーの白く滑らかな感覚を出すため
時間をかけて点刻で打ち込みました。

図案・彫り方／カラーの丸皿76、77ページ

シダ

珍しいグリーンの被せガラスに出会った瞬間、
シダの図案が過ぎり、道端のシダに目はいつも釘付けでした。
動きを出しながら6枚を彫り込みました。

シダのデカンタ／17cm×15cm×25ｃm

神 聖

森の奥に住む、誰も触れたことのない雄鹿。
眠っていた花器に大きく一匹だけ
心を澄まして彫り込みます。

鹿の花瓶／8cm×29cm

インディアン

野生の馬と威厳のある
インディアンの盛装。
草原を風に吹かれて行く
馬の躍動感を表現しました。

図案・彫り方／インディアンの花器80ページ

フラワーベース／24cm×24cm

太古の夢

7匹の恐竜の生息を少しユーモラスに刻みます。
想いは太古に遡ります。
恐竜の皮膚感を表現するのに点刻とらせん彫りを用いました。

マッチ売りの少女

手のひらに乗る小皿に物語を構成しました。
少女の想いが伝わるように・・・

図案・彫り方／マッチ売りの少女の小皿78、79ページ

冬の休暇

クリスマスが近づく冬の教会の周りに、ガラスの家を組み立てて、ガラスの村を作りました。

クリスマスハウス／25cm×20cm×25cm

カメリヤ・タンポポ・バラの楕円皿

　楕円皿にもっとも基礎的な3種のお花を彫ってみました。カメリアの彫り方で基礎テクニックを紹介いたします。ホルダーの握り方は、深く彫り過ぎないために、倒しぎみにします。器はつねに動かして針の動きが楽なように保ち、薄めに彫ります。長い線は一気に彫らず、少しずつ彫り伸ばしていきます。
　ガラスの彫りクズはときどき水で洗い流して、ガラスに傷がつくのを防ぎましょう。
　明るい場所で手の力を入れ過ぎずに、ガラスと目との距離を保ち、時間に余裕をもって、楽しんで彫って下さい。

図案・彫り方
カメリアの楕円皿37〜39、46、47ページ
タンポポの楕円皿48、49ページ
バラの楕円皿45ページ

★材料・用具　ガラスの楕円皿　点刻ペン　ホルダー　針　黒クッション　ティッシュペーパー　除光液　綿棒　油性極細ペン（黒・赤）　図案　セロハンテープ

カメリアの楕円皿

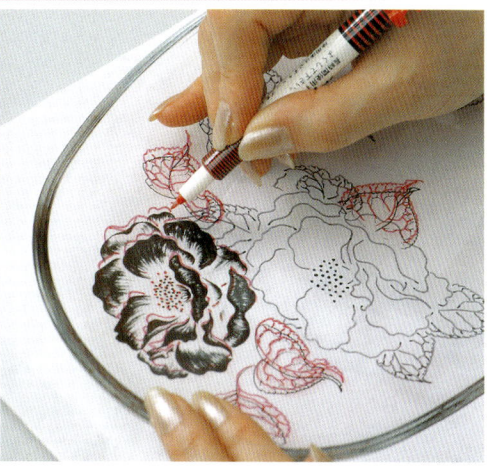

1 黒の油性ペンでガラスの裏側に表の図案を置き、実際の輪郭より少し外側を写します。

2 赤の油性ペンで裏図案を表図案に重ねて、少し外側を写します。

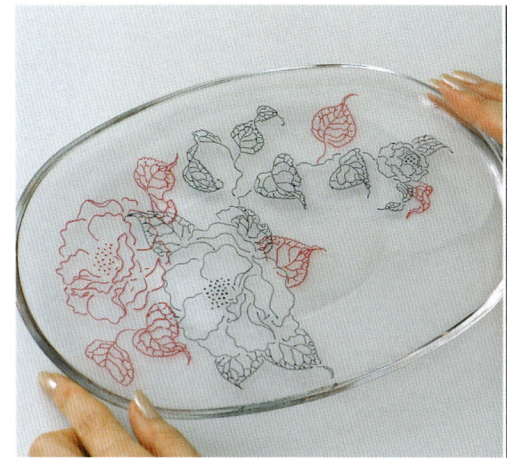

3 表図案と裏図案の配置、ガラスと図案とのバランスがとれているかを確認します。

4 丸針で表図案の輪郭線を彫ります。このとき写した線より少し内側を彫ります。

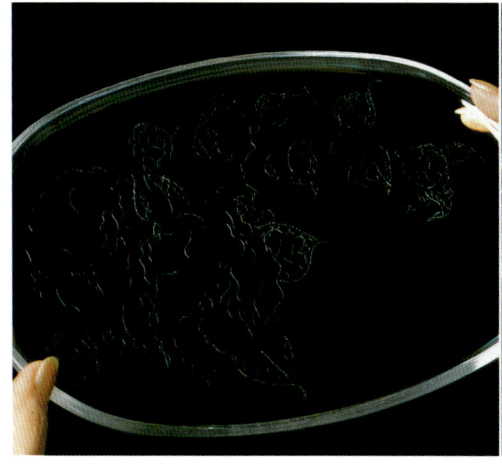

5 表と裏の輪郭線が彫り上がりました。彫り残した線がないか図案を見比べてから、写した線を除光液で拭き取ります。

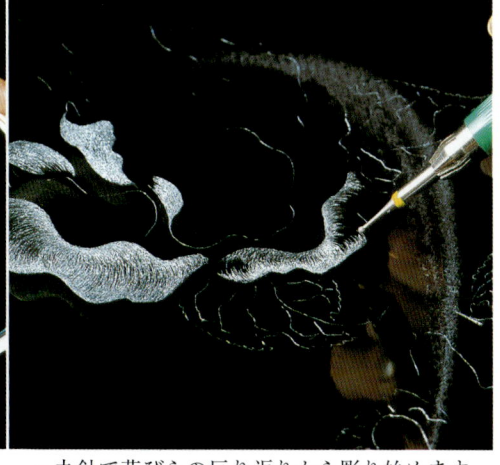

6 丸針で花びらの反り返りから彫り始めます。上下からカーブに合わせて中央でつなぎ、面になるように彫っていきます。

37

カメリアの楕円皿

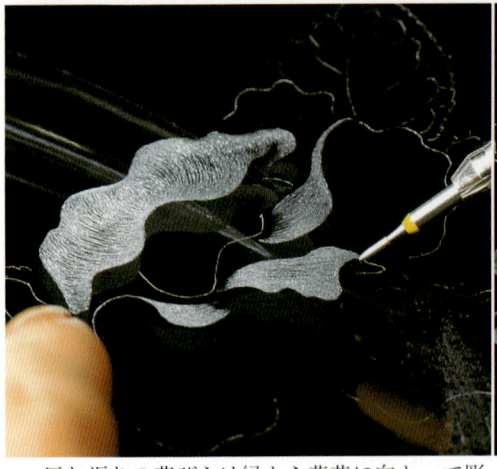

7 反り返りの花びらは縁から花芯に向かって彫り、細い部分は剣先針で整えます。

8 花びらの広い面が滑らかに仕上がるようにすべて花芯に向かって、なでるようにグミ針で彫り下地づくりをします。

9 丸針で花びらの縁から花芯に向けて、長短・濃淡を配慮しながら面を彫ります。

10 表裏の花がそれぞれ彫り終わりました。仕上げに、グミ針で軽くなでておくとよいでしょう。

11 葉の中心葉脈を剣先針で、根元は太目に葉先は細目に彫り広げていきます。

12 葉の縁周りは、剣先針で細かく仕切るように彫り入れます。

13 丸針で外側から中心葉脈の方向に濃淡をつけ、各ブロックを離して彫ります。

14 枝は剣先針で輪郭線に平行線を足し、垂直線、らせんを入れ凹凸感を出すように彫ります。

15 花びらのニュアンスをつけるため、反り返り部分を丸針で逆V字に面彫りします。

16 点刻ペンで焦点を定め、4〜5回真上から、一点を打ち込みます。

17 点刻ペンで打った上を中心にして、剣先針で少し大きめに彫り広げます。

18 ガラスの彫りクズなどを水で洗い流して、きれいに拭き取り完成です。

My Engraving

クリスマスリース

リボンの濃淡やオーナメントの配置に気をつけました。
リースの中には小熊が一匹隠れています。

クリスマスリースの大皿／35cm×4.5cm

は じ め に

手彫りガラスは根気のいる作業です。
そして、美しい作品が仕上がったときは本当に幸せに思える工芸です。
上手にできるか心配するより、
彫っているひとときを急がず、
楽しむ気持ちが大切です。
ひと彫りひと彫りに思いがこもっていれば、きっとそれは大切な宝物になります。
手彫りガラスを始めれば思考も一回り広がるはず。
道端の草花にも、
ショーウィンドーの飾りつけにも、
今までにない想像力が湧いてくることでしょう。

この本を作るにあたって、多くの方々の御協力をいただきました。
紙上の作品のひとつひとつの思いが皆様のお心に届いて、
少しでも心を動かして下さったのなら、
私達もまだもう少し歩み続けられるかなと思います。
ガラスに向かい合っている
このひとときの温かな時間を御自分への贈り物にしませんか。

井 上 裕 子

材料と用具

ガラス

硬質ガラス
（使用針…粒度の粗い針）

被せガラス 塗り潰しの図案に適しています。
日本製は色層が厚いので、柔らかいチェコ製の被せガラスのほうが彫りやすいです。

ソーダガラス 市販のビンなどに使われています。

鏡 彫りが二重に写るので、図案構成に気をつけて彫ります。

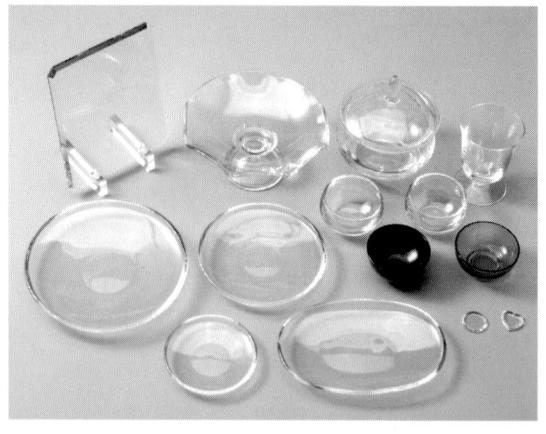

軟質ガラス
（使用針…粒度の細かい針）

クリスタルガラス 柔らかく、透明感があります。

耐熱ガラス 柔らかい部分と硬い部分が混ざっています。

アクリル素材 とても柔らかく、粉もあまりでません。傷がつきやすいので気をつけながら彫りましょう。

用具 (左上から)

除光液 油性極細ペンで描いた図案を消します。

ティッシュペーパー 濡らして、ガラスの粉を拭き取ります。

綿棒 細かい図案の部分修正をします。

針各種 丸針、剣先針、グミ針を使用します。

ホルダーとホルダークッション 針を固定します。

点刻ペン 点描で彫刻するときなどに使います。

赤の油性極細ペン(0.1mm) 裏図案を写します。

黒の油性極細ペン(0.1mm) 表図案を写します。

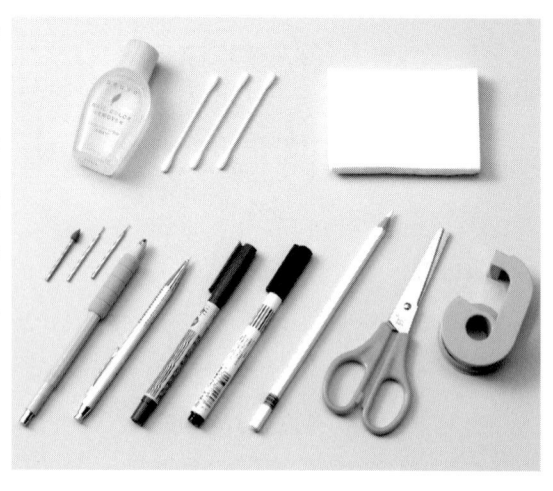

白のガラス用油性ペン 図案構成に使います。

ハサミ 図案を切ります。

セロハンテープ 図案を固定します。

黒クッション(大・小) 表地をベルベット、裏地をフエルト、中をキルト芯で大は30cm×25cm、小は5cm×1.5cmに作ります。

針

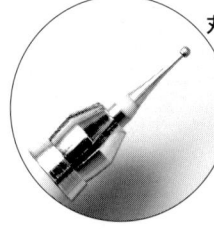

丸針(極細表示)
輪郭線　面彫り
・基本の針で、この針があればほとんどの彫りに対応できます。

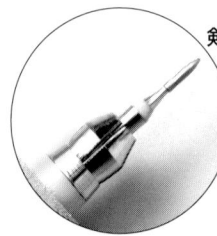

剣先針
面彫りの修正　花芯、指先などの細かい部分　遠近感、立体感の表現
・細かい線やシャープな線を彫ります。
・針の脇面を使って滑らかな面を彫ることもできます。

その他の針としてしずく針があり、広範囲な塗り潰しや滑らかな面彫りに適しています。

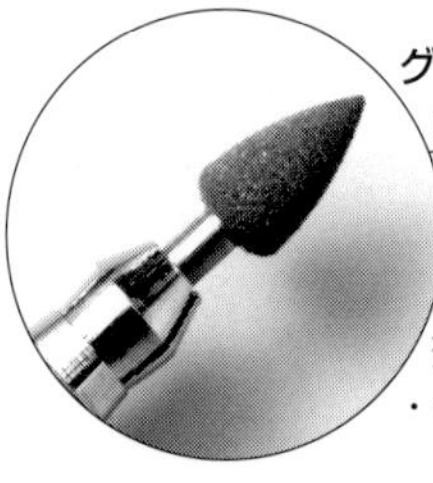

グミ針
なで彫り　濃淡、陰影の表現
・広範囲の面彫りの前に、ガラス面全体をなでるようにやさしく彫ります。
・ガラス面と針との引っ掛かりを防ぐ効果があります。
・他の針よりも消耗しやすいです。

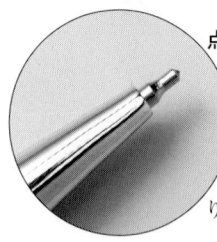

点刻ペン
点描　線彫りのアクセント
・立体感を柔らかく表現するときに細かい点描を打ち重ねます。
・立体感を高めるために、線彫りの上から打ち重ねます。

図案の写し方

- 油性極細ペンの上は彫りにくいので、できるだけ簡略な線で写しましょう。
- 両面彫りの場合は、表側の図案を黒、裏側を赤の油性極細ペンで描きます。
- ガラスによって洋裁用のチャコペーパーで線がのるようなときは、使ってみましょう。
- 動物図案を写すときは、細かい点線を外側に向く毛並みのように写しましょう。
- 厚めのガラスには視点を一定に保ち、器を動かしながら写しましょう。

平らなガラス

1 図案を切る
図案より少し外側を切り取ります。

→

2 図案を固定する
ガラスの裏側に図案をセロハンテープで固定します。

→

3 図案を写す
ガラス面に直接、油性極細ペンで図案の少し外側を直線か点線で描き写します。

立体的なガラス1 —グラスや広口ビンに写す

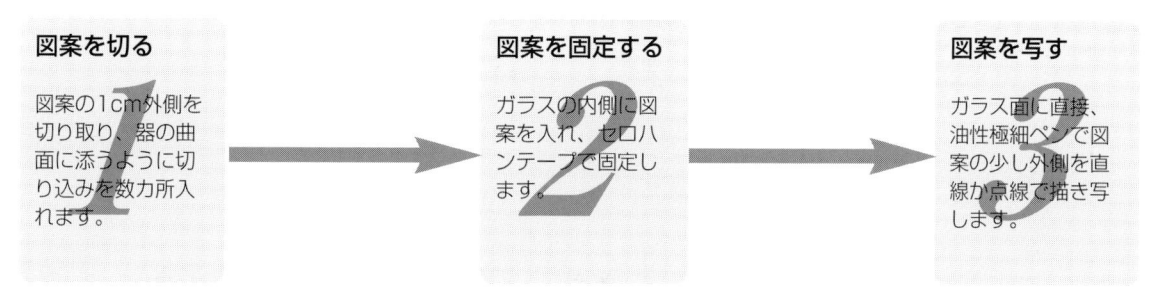

1 図案を切る
図案の1cm外側を切り取り、器の曲面に添うように切り込みを数カ所入れます。

→

2 図案を固定する
ガラスの内側に図案を入れ、セロハンテープで固定します。

→

3 図案を写す
ガラス面に直接、油性極細ペンで図案の少し外側を直線か点線で描き写します。

立体的なガラス2 —ボールや壺など図案が内側に入らないガラスに写す

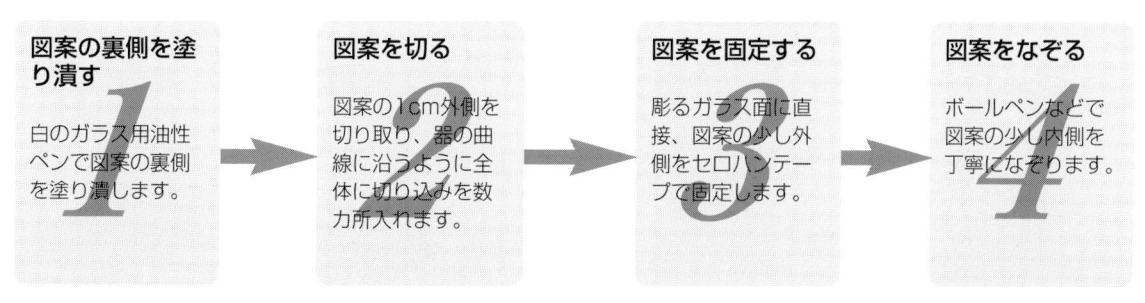

1 図案の裏側を塗り潰す
白のガラス用油性ペンで図案の裏側を塗り潰します。

→

2 図案を切る
図案の1cm外側を切り取り、器の曲線に沿うように全体に切り込みを数カ所入れます。

→

3 図案を固定する
彫るガラス面に直接、図案の少し外側をセロハンテープで固定します。

→

4 図案をなぞる
ボールペンなどで図案の少し内側を丁寧になぞります。

彫り方の基本

- 深く彫り過ぎないように気をつけましょう。
- 輪郭線は後で修正できるように、薄めに彫りましょう。
- 無理な姿勢で彫らず、常に器を動かしながら彫りましょう。
- 遠近感や立体感、陰影を表現するために、絵柄の重なり部分は必ず離して彫ります。
- 白く彫り潰すときは荒彫りの上全体にらせん彫りを彫り重ねてから、仕上げ彫りをします。
- ガラスの粉や細かい破片は濡れたティッシュで押さえるようにして、こまめに取り除きましょう。
- 凹凸のある素材は小さなクッションを凹部分に当てて平面を作り、固定させます。
- 初心者は器の縁1〜1.5cmは、彫らないようにしましょう。
- 小さな素材は発泡スチロールなどにくぼみを作り、固定させます。
- 彫ったガラスの反対側から彫りの確認をしましょう。
- 明るい場所で彫りましょう。

彫る

線彫り 色鉛筆で絵を描くように力を入れずにホルダーを持ちます。小指をガラス面に伸ばし、一定の力と速度を測りながら彫り進めます。

点刻 ペンを直角に立ててガラス面から5mmほど上から垂直に、一定の力と速度で打ちおろします。

らせん彫り ひび割れた雰囲気を出す彫り方で、小さな弧を描く、不規則な重なりの線です。

面彫り 広い面を彫ります。

なで彫り 彫りやすくするために、グミ針でなでるように彫ります。

1 輪郭線を彫る

- **単独図案** 図案の外側に輪郭線を入れます。
- **複雑な図案** 図案の内側に輪郭線を入れます。
- **平面的な絵柄(紋様、彫り潰しなど)** 図案通りに輪郭線を入れます。
- **曲線の絵柄(球体など)** 図案通りに輪郭線を点線で、左右対称に少しずつ入れます。

2 荒彫り（粗い面彫り）
図案を参考に面全体を彫り進みます。

3 仕上げ彫り（仕上げの面彫り）
全体のバランスを考えながら、表面を滑らかに彫ります。

4
ポイントを入れる
図案の特性をより生かすために、部分的に彫り足します。

ハイライトを入れる
光の当たっている部分を他より濃く彫り足します。

バラの楕円皿

カラー口絵36ページ

16.5cm×25cm×0.8cm

花びらを彫る針方向はすべて花芯、茎に向かうようにする

花びら1枚1枚を確実に離し、立体感を出す

細かい部分は剣先針で整える

両脇より中心へ彫りつなぐ〔丸針〕

先より根元へ針を動かし、シャープに整える〔剣先針〕

広い面はグミ針でなでてから丸針で面彫りすると、滑らかに美しく仕上がる。

影の部分は薄めに彫り上下を離す

中心葉脈を葉先まで彫り、脇葉脈を彫り残すように茎より葉先へ向かいグラデーション(矢印方向)をつけて面彫りする〔丸針〕

結び目は矢印方向に彫り、中心は膨らみを出すために何度か彫り足す。

葉が内側に折れている様子を表わすには上部を濃いめに彫ってから影となる葉の葉脈の流れに気をつけ薄めに彫る

外側より結び目に向かって彫る〔丸針〕

先はシャープに整える〔剣先針〕

重なりはすべて離す

丸 針 花 葉 リボン
剣先針 花 ガク リボン
グミ針 花 リボン

グミ針でなでてから、短い線を彫りつないでカーブを美しく彫る

リボンの裏返しは多めに離す

[原寸]

※矢印は濃くから薄くへと、彫り進む方向を表しています。

縦と横の交差線〔丸針〕

カメリアの楕円皿

カラー口絵36ページ　プロセス37ページ

丸　針	花びら　葉
剣先針	花びら　おしべ　葉　枝
グミ針	花びら

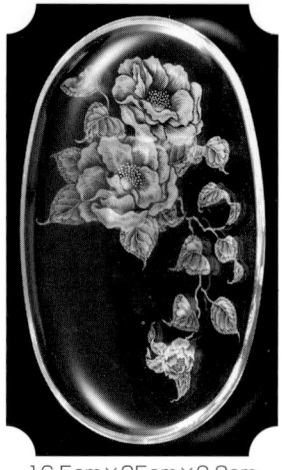

16.5cm×25cm×0.8cm

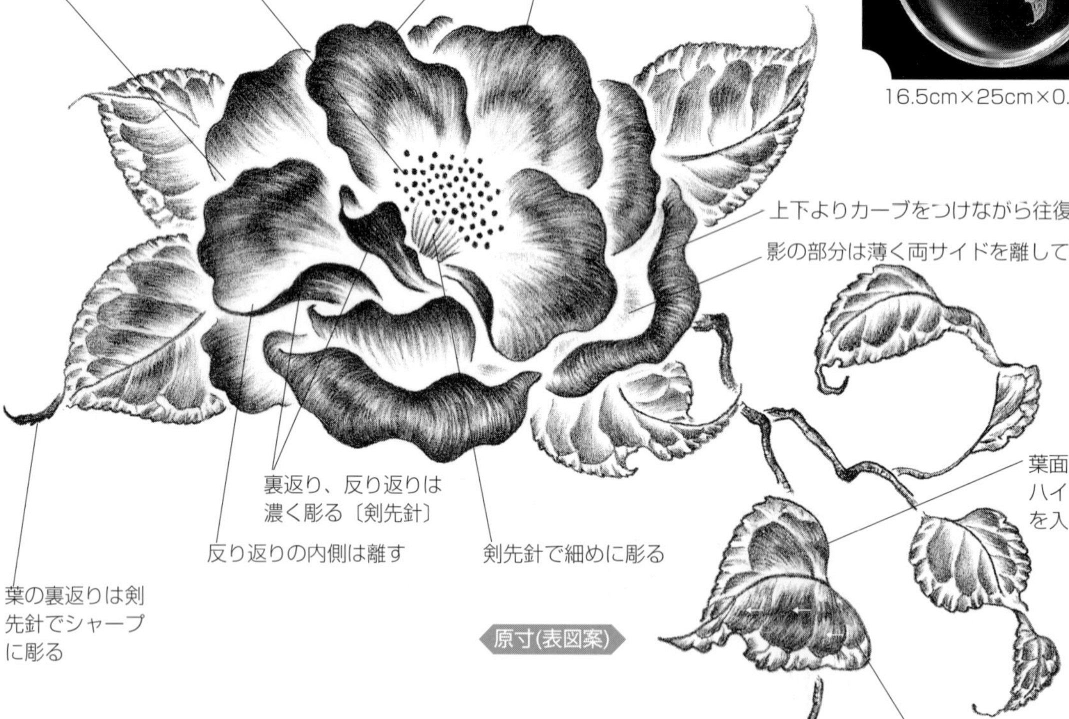

花びらは1枚1枚離して彫る

点刻ペンで小さなキズをつけ、中心から外側に向かって弧を描くように彫る

グミ針でなでてから、丸針で花芯に向かって花びらの動きに沿って彫り、花面の中程にハイライトを入れる

上下よりカーブをつけながら往復して彫る

影の部分は薄く両サイドを離して彫る

裏返り、反り返りは濃く彫る〔剣先針〕

反り返りの内側は離す

剣先針で細めに彫る

葉面中心にハイライトを入れる

葉の裏返りは剣先針でシャープに彫る

原寸(表図案)

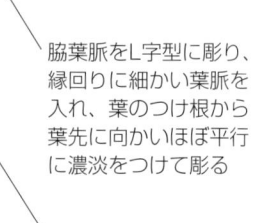

脇葉脈をL字型に彫り、縁回りに細かい葉脈を入れ、葉のつけ根から葉先に向かいほぼ平行に濃淡をつけて彫る

節を強調し、らせんに彫る

中心葉脈は丸針で彫り、剣先針で整える

ゴツゴツ感を出すために荒目に彫る〔剣先針〕

花びらのつけ根は上下より往復させて彫り、縁は濃く、重なりは薄く離して彫る。

※矢印は濃くから薄くへと、彫り進む方向を表しています。

原寸(裏図案)

カーブを強調しながら、花芯に向かう

内側は上下離して薄めに彫る

裏返りはシャープに彫る〔剣先針〕

花びらは花芯に向かい、動きに気をつけながら、縁は濃く、中心に向かい薄くなるように、グラデーションをつけて彫る。

後ろの花びらは薄めに彫る

反り返りは中心に向かい、上下よりカーブをつけながら往復して彫る

丸囲み部分の葉と花びらの一部を重ねて彫る。

中心葉脈は剣先針で少しずつ往復しながら広げていく

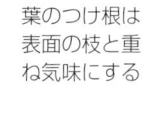

葉のつけ根は表面の枝と重ね気味にする

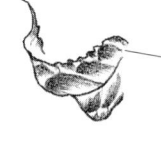

表面のつぼみの花びらとの重なりを5mm程度とる

Point
両面彫りの図案
・図案は6(表面)：4(裏面)くらいの比率とする。
・図案の主役となる部分は各図案を幅広く重ねない。

47

タンポポの楕円皿

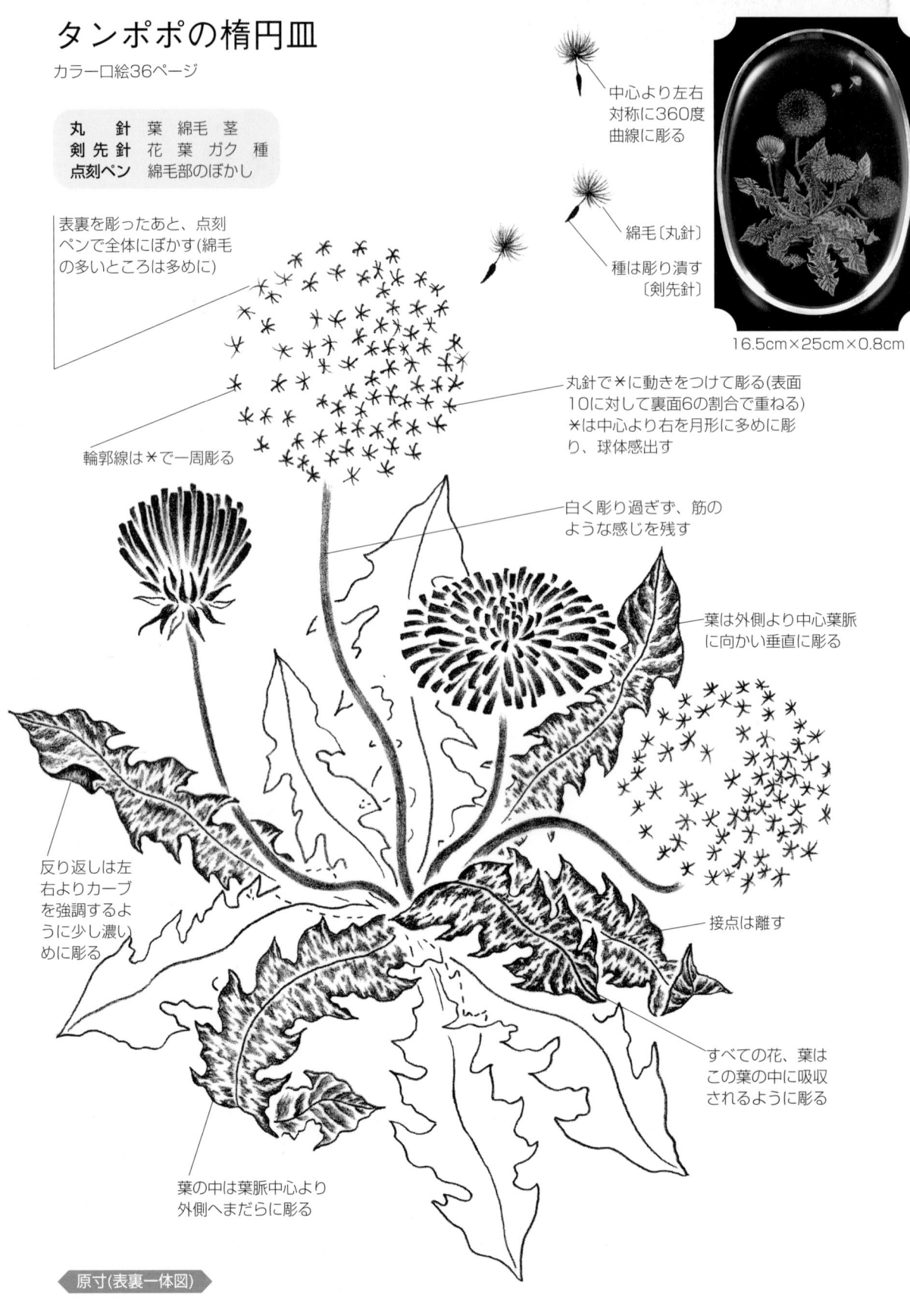

カラー口絵36ページ

丸　　針	葉 綿毛 茎	
剣先針	花 葉 ガク 種	
点刻ペン	綿毛部のぼかし	

中心より左右対称に360度曲線に彫る

綿毛〔丸針〕

種は彫り潰す〔剣先針〕

16.5cm×25cm×0.8cm

表裏を彫ったあと、点刻ペンで全体にぼかす（綿毛の多いところは多めに）

丸針で＊に動きをつけて彫る（表面10に対して裏面6の割合で重ねる）＊は中心より右を月形に多めに彫り、球体感出す

輪郭線は＊で一周彫る

白く彫り過ぎず、筋のような感じを残す

葉は外側より中心葉脈に向かい垂直に彫る

反り返しは左右よりカーブを強調するように少し濃いめに彫る

接点は離す

すべての花、葉はこの葉の中に吸収されるように彫る

葉の中は葉脈中心より外側へまだらに彫る

原寸（表裏一体図）

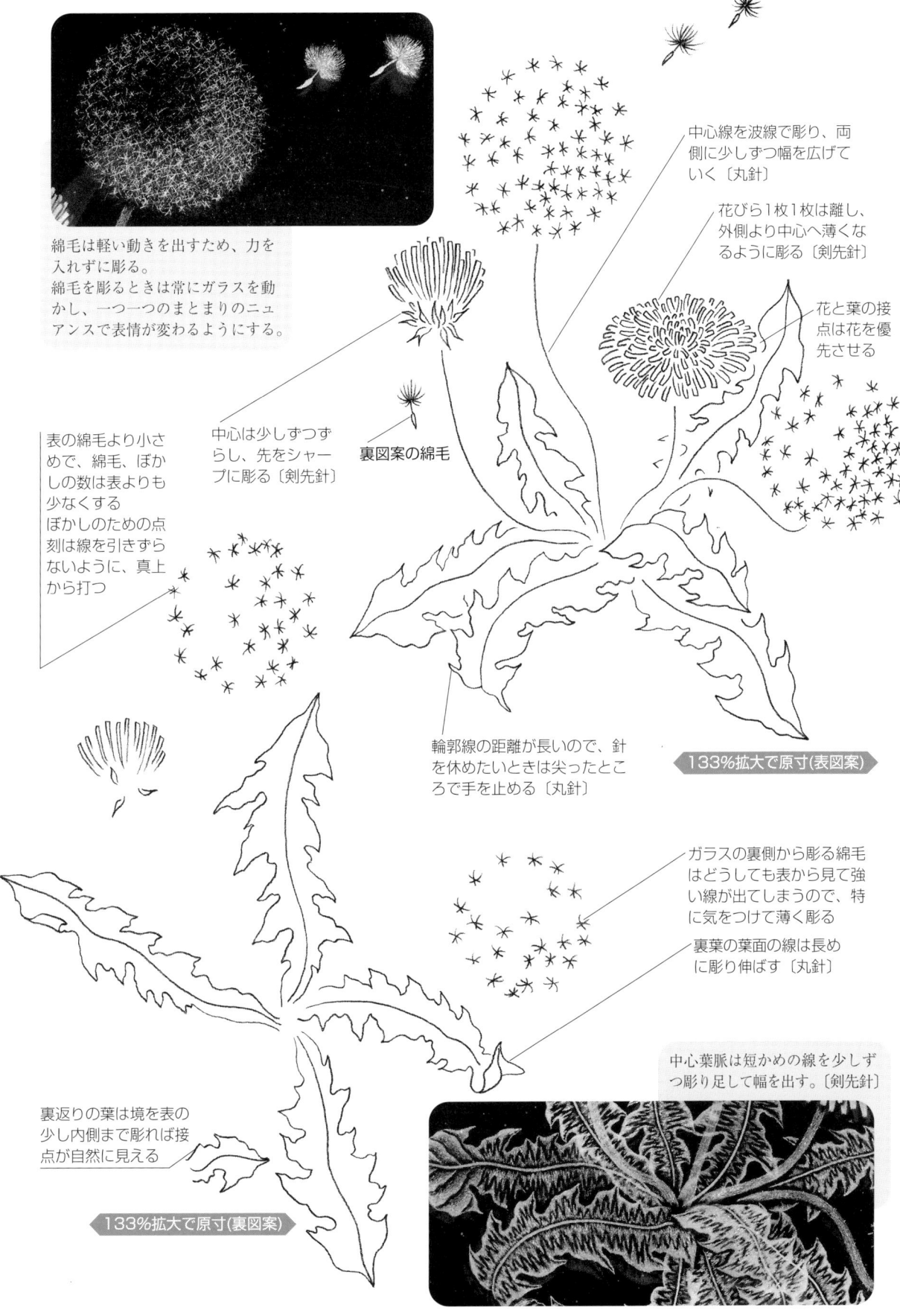

綿毛は軽い動きを出すため、力を入れずに彫る。
綿毛を彫るときは常にガラスを動かし、一つ一つのまとまりのニュアンスで表情が変わるようにする。

中心線を波線で彫り、両側に少しずつ幅を広げていく〔丸針〕

花びら1枚1枚は離し、外側より中心へ薄くなるように彫る〔剣先針〕

花と葉の接点は花を優先させる

表の綿毛より小さめで、綿毛、ぼかしの数は表よりも少なくする
ぼかしのための点刻は線を引きずらないように、真上から打つ

中心は少しずつずらし、先をシャープに彫る〔剣先針〕

裏図案の綿毛

輪郭線の距離が長いので、針を休めたいときは尖ったところで手を止める〔丸針〕

133%拡大で原寸(表図案)

ガラスの裏側から彫る綿毛はどうしても表から見て強い線が出てしまうので、特に気をつけて薄く彫る

裏葉の葉面の線は長めに彫り伸ばす〔丸針〕

中心葉脈は短かめの線を少しずつ彫り足して幅を出す。〔剣先針〕

裏返りの葉は境を表の少し内側まで彫れば接点が自然に見える

133%拡大で原寸(裏図案)

レース模様のキャンデーBOX

カラー口絵2ページ

原寸

中心線を彫り、両側に膨らませるような形に整える

17cm×20cm

美しい円を彫るには針をホルダーから長めに出してホルダーを倒し、手をコンパスのように動かしながら彫る〔剣先針〕

左右対称の図案は左右に少しずつ彫り伸ばして形を整える。

先を尖らせるときは、図案の外側より内側方向へ彫る

丸　針　輪郭線
剣先針　レース模様の幅を広げる　整える

ワインクーラー

カラー口絵4ページ

丸 針　輪郭線　髪　衣
剣先針　手・足の細部　衣
グミ針　衣

22cm×23cm

111%拡大で原寸大

Point
ドレープを彫る順序
1 丸針で縦ひだの線を入れる
2 衣の流れに沿いグミ針でなで彫る
3 丸針で凸面は濃く、凹面は薄くなるように滑らかに彫る

Point
顔を彫る順序
1 鼻とおでこのライン
2 眉を彫り残す
3 目と二重を彫る
4 頰を彫る
5 口を彫る
6 顎を彫る
7 顔全体のくぼみを薄く彫る

髪を1本1本彫ってから、頭の形に合わせてハイライトを入れる〔丸針〕

目、眉、口は大きめに残し、少しずつ小さくしながら形を整える〔剣先針〕

肌は衣の中へとグラデーションで薄くなる

肌はらせん彫りと線彫りを交互にして、滑らかに仕上げる〔丸針〕

ベルトから彫り、衣へと彫り広げていく

爪、指先は凸部分を離すように細かく仕上げる〔剣先針〕

腕とストールの接点は離す

中心となる濃いひだは両脇より中心へ向かう

※矢印は濃くから薄くへと、彫り進む方向を表しています。

箱ひだの凸部は濃いめに彫り、両脇は薄めに仕上げる

裾より上へ濃くから薄くへの繰り返しで彫る。

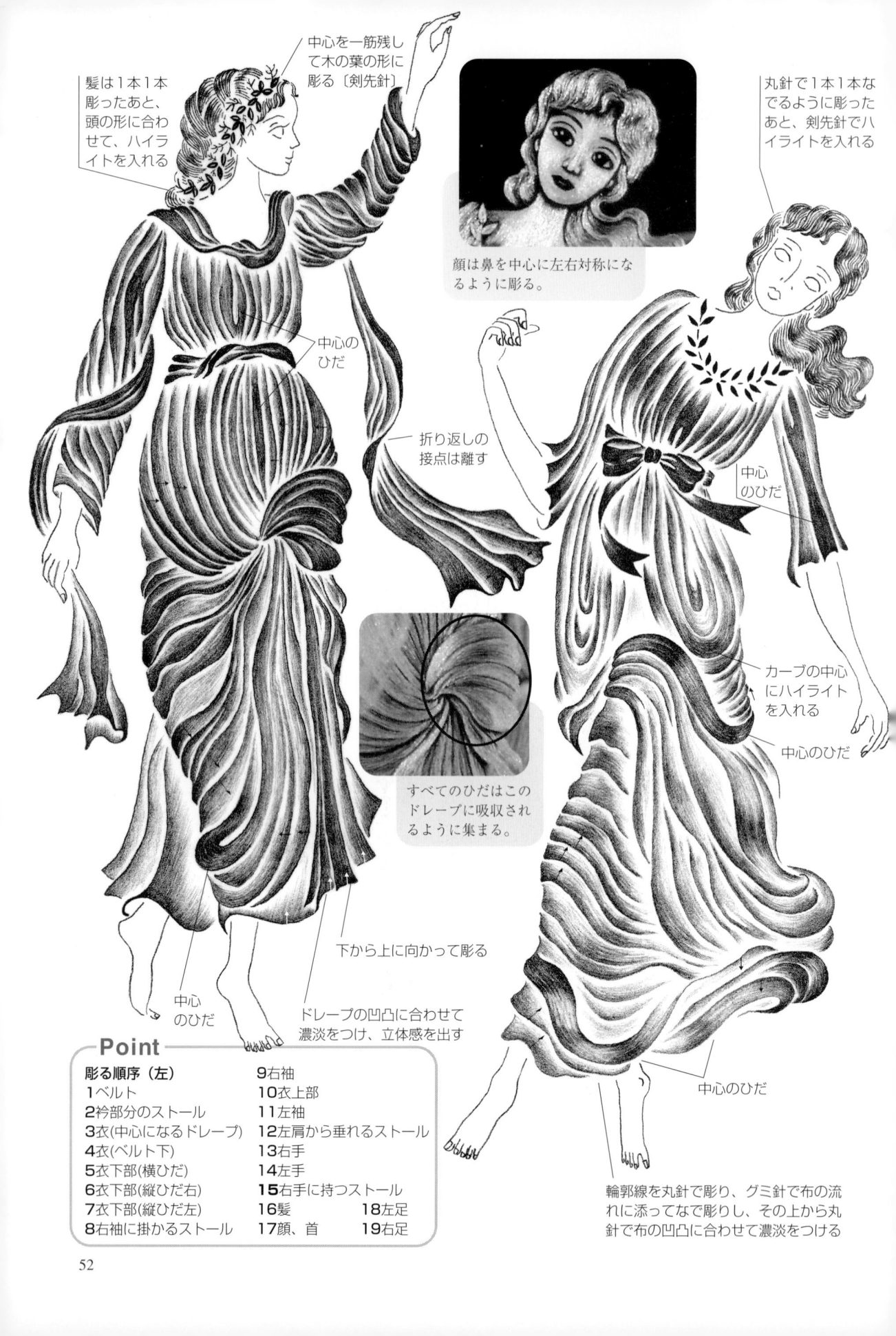

髪は1本1本彫ったあと、頭の形に合わせて、ハイライトを入れる

中心を一筋残して木の葉の形に彫る〔剣先針〕

顔は鼻を中心に左右対称になるように彫る。

丸針で1本1本なでるように彫ったあと、剣先針でハイライトを入れる

中心のひだ

折り返しの接点は離す

中心のひだ

カーブの中心にハイライトを入れる

中心のひだ

すべてのひだはこのドレープに吸収されるように集まる。

中心のひだ

下から上に向かって彫る

ドレープの凹凸に合わせて濃淡をつけ、立体感を出す

中心のひだ

輪郭線を丸針で彫り、グミ針で布の流れに添ってなで彫りし、その上から丸針で布の凹凸に合わせて濃淡をつける

Point

彫る順序（左）
1 ベルト
2 衿部分のストール
3 衣(中心になるドレープ)
4 衣(ベルト下)
5 衣下部(横ひだ)
6 衣下部(縦ひだ右)
7 衣下部(縦ひだ左)
8 右袖に掛かるストール
9 右袖
10 衣上部
11 左袖
12 左肩から垂れるストール
13 右手
14 左手
15 右手に持つストール
16 髪
17 顔、首
18 左足
19 右足

丸 針　輪郭線　髪　衣
剣先針　手・足の細部　衣
グミ針　衣

▶111%拡大で原寸大

1本1本の櫛目を通すような線彫り

丸囲みのひだが中心。このひだの左右から内側へ薄くなるようにらせん彫りをする。

ベルトは綱形に線彫り〔丸針〕

左下に片ひだのグラデーションを出し、右端だけ右側へ濃淡を出す

袖口は濃いめにらせんを全面重ね彫り

袖の内側は薄めのらせん彫り

返り部分は濃いめに細かいらせんの重ね彫り

中心のひだ

左から内側中心まで片ひだのグラデーション

Point

彫る順序（中央）
1 リボン
2 衿
3 衣上部
4 衣の右袖
5 衣の左袖
6 衣下部(縦ひだ)
7 リボン下の右衣
8 リボン下の左衣
9 裾
10 衣下部(横ひだ)
11 髪
12 顔、首
13 右腕
14 左腕
15 右足
16 左足

Point

彫る順序（右）
1 衣下部の下部分
2 ベルト
3 衣下部のベルト下部分
4 衣上部
5 衣の左袖
6 衣の右袖
7 髪
8 顔、首
9 右手
10 左手
11 右足
12 左足

下から上に向かったグラデーション

※矢印は濃くから薄くへと、彫り進む方向を表しています。

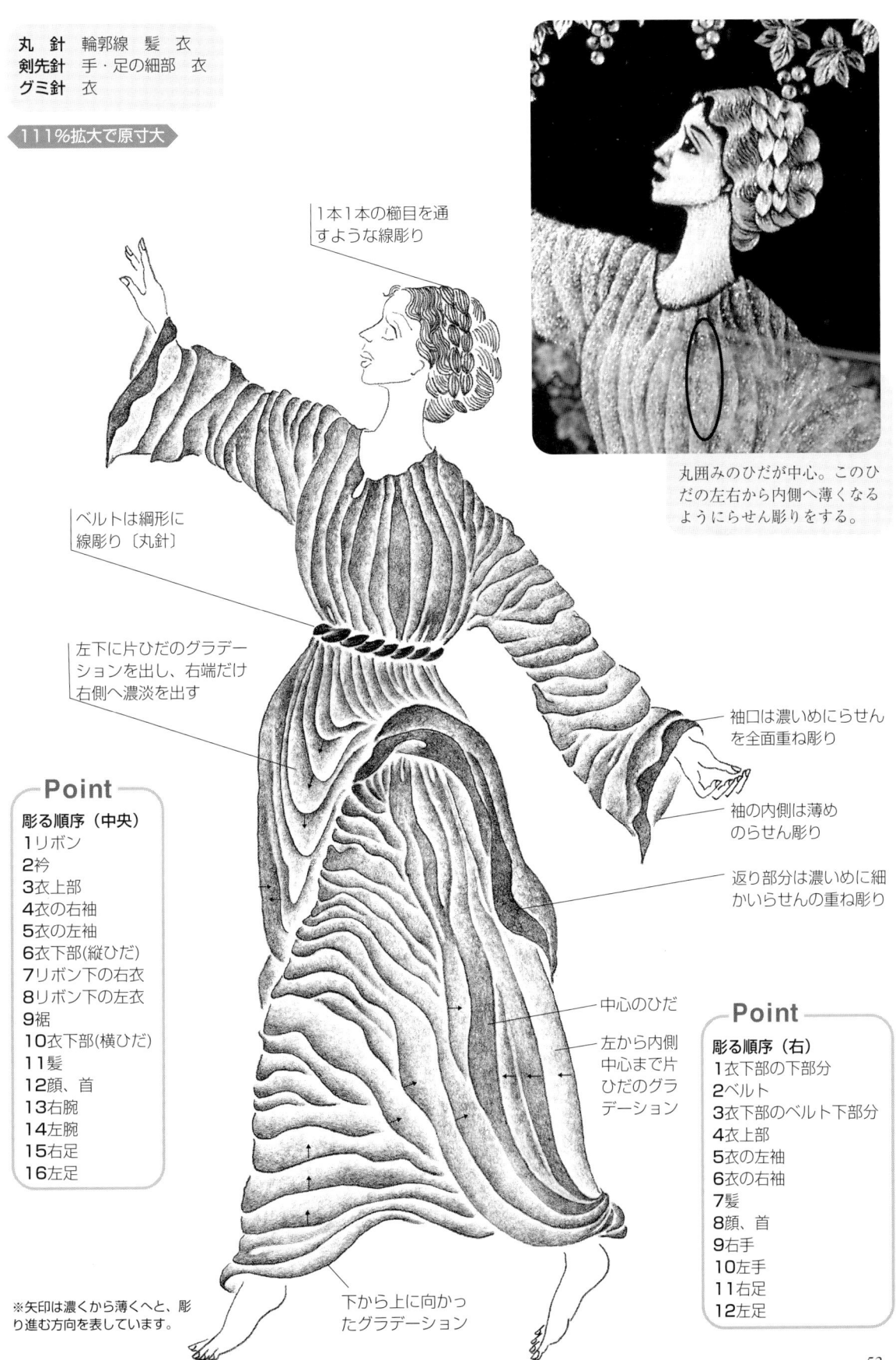

モンステラとガーベラの花器

カラー口絵13ページ

Point
ガーベラを先に彫り、後からモンステラを彫る。

丸　針	輪郭線　ガーベラ　モンステラ
剣先針	ガーベラ　モンステラ
点　刻	ガーベラの花芯部

34cm×19cm×12.2cm

花芯は丸針で細かいらせん彫りをし、その上に短い縦線を剣先針で植え込むようにたくさん彫り、最後に点刻針でぼかす

中心と外径との接点を離す

花びらは外側より花芯に向かいグラデーションをつけ、花びらの各接点を離す〔丸針〕

裏側から見たモンステラ

裏返りは彫り潰す〔剣先針〕

中心葉脈は太めに、少し筋目が見えるように彫り潰す〔丸針〕

茎は濃く彫り過ぎない

原寸

葉面をほぼ脇葉脈に平行に短い筋を彫る〔剣先針〕

モンステラとガーベラとの接点は離す

重なりは多少濃いめに彫り、接点を離す

脇葉脈は丸針で彫り、剣先針で少し広げる

54

天一型

花芯はドーナツ形に彫る

葉が重なっているところは多少濃いめに彫る

茎は縦線の幅を広げていくように丸針で彫り、その上から剣先針で短い線を垂直に重ねてとげの感じを出す

葉面は細かくらせん彫りを彫り重ねる〔丸針〕

脇葉脈は丸針で彫り、剣先針で幅を広げる

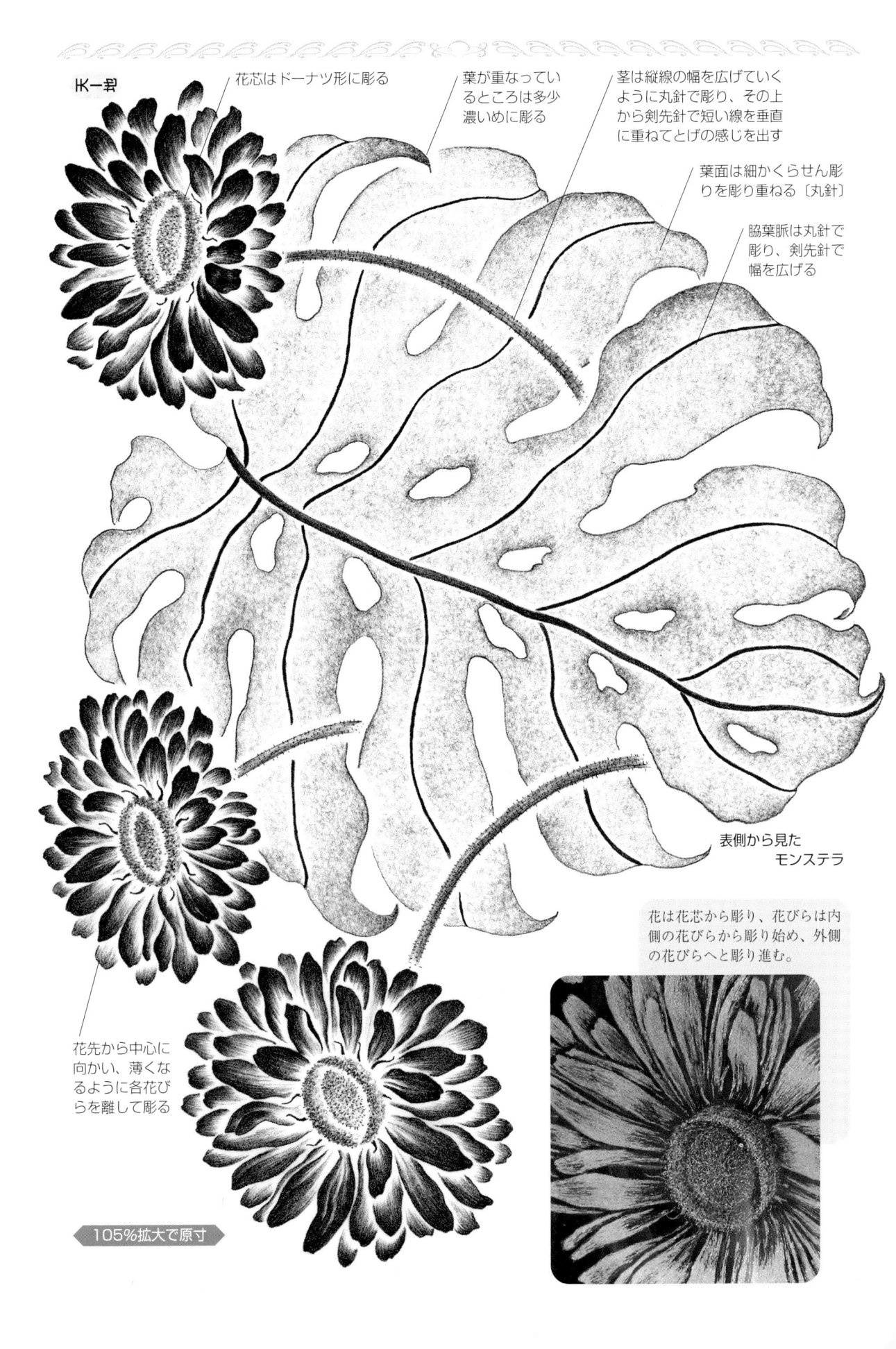

表側から見た
モンステラ

花は花芯から彫り、花びらは内側の花びらから彫り始め、外側の花びらへと彫り進む。

花先から中心に向かい、薄くなるように各花びらを離して彫る

105%拡大で原寸

ウエルカムボード

カラー口絵9ページ

| 丸 針 | 左右対称図案 | 文字 | キャンドル |
| 剣先針 | 左右対称図案 | 文字 | キャンドル |

すべて原寸

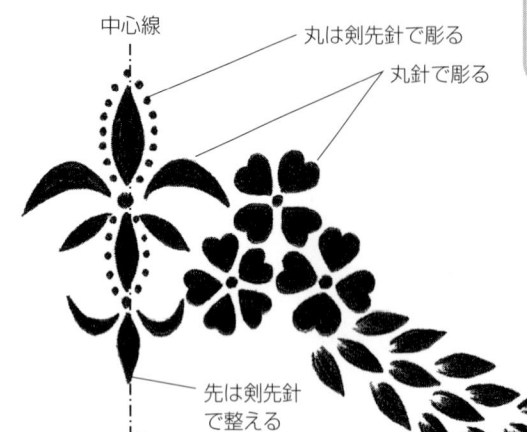

Point

鏡を彫る
　鏡の底と表面と二重に映るため、正確に彫ってもぶれて見えるので、隅々まできちんと丁寧に時間をかけて彫ることを心掛けましょう。

左右対称の図案を彫る
　最初は図案より少し内側を彫っておき、左右を注意しながら大きさを整えるようにしましょう。

文字を彫る
　白く滑らかに仕上げる。

45cm×60cm×3cm

- 中心線
- 丸は剣先針で彫る
- 丸針で彫る
- 先は剣先針で整える
- ここを中心に左右対称図案
- 剣先針で彫る
- 丸針で彫る

輪郭と字の内側は丸針、文字の尖った先は剣先針

幅広く彫るところはらせんと縦線を繰り返し、何度も彫り重ねて滑らかに彫り上げる

文字の交差するところは必ず離す

Wedding Party

Point
キャンドルを彫るときの注意点
・すべてを彫り潰す。
・それぞれの接点を広めに離す。
・輪郭線は図案より少し内側を彫る。
・左右対称の大きさになるように調整しながら、彫り幅を広げる。
・キャンドル面は直線とらせんを彫り重ね、白く滑らかに仕上げる。
・炎はそれぞれ少しずつ形を変える。
・炎の中心部は彫り残す。

中心線

先は剣先針で整える

輪郭線は丸針で彫る

まだらにならないように何度も彫り加えて滑らかに仕上げる

小丸は点刻ペンで少しキズつけてから、剣先針で真円になるように整える

中心は全面彫り潰すが接点となる部分は離して彫り残す

中心の丸から彫り、両脇に丸を彫り足していく

接点を離す

先は剣先針で整え、中心に向かって丸針で彫る

先は濃く重ね彫り、内側に向かい少し薄くなるように彫る

丸は中心より外側へ大きくなるように少しずつ円を描いて彫る

一つ一つの接点は明確に離す

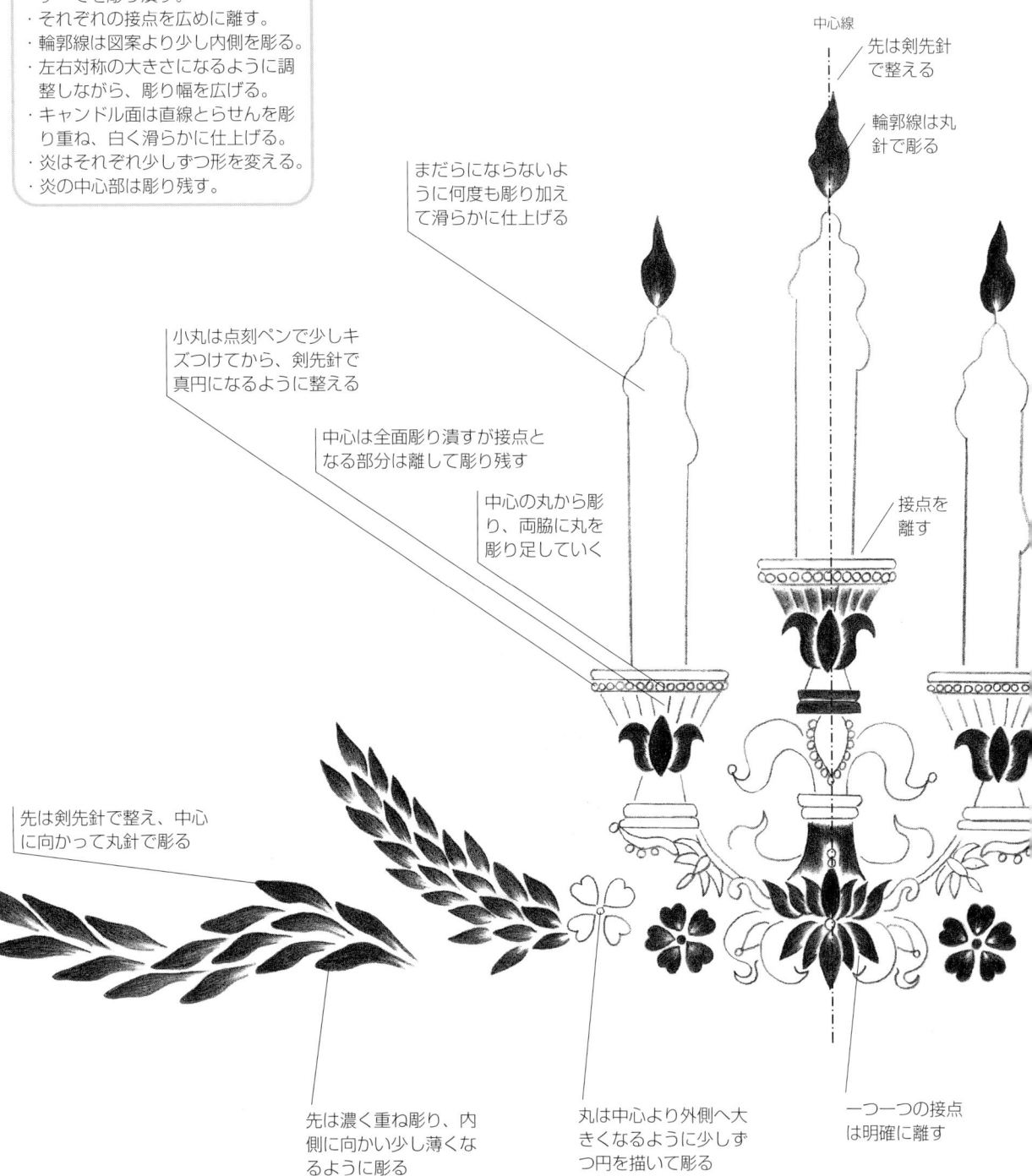

57

ヤツデの丸皿

カラー口絵12ページ

丸　　　針	輪郭線　葉脈
剣 先 針	葉
点刻ペン	面

中心線

表図案

中心葉脈は丸針で長めの破線で彫り、少しずつ茎のほうを太くしていき、葉先に向かい細くなるように彫り広げる〔剣先針〕

葉が重なっているところは後ろの葉を彫り控える

単純な図案の重なりだけに、細かい葉面の接点の点刻ペンでのぼかし具合、葉の重なりの構成に気をつける。点刻は一気に濃く打つのではなく、少しずつ打ち足して全体バランスの様子を見ながら打つ。

輪郭線は丸針で葉のギザギザのところで手を休めないようにして、器を動かしながら彫る

表図案

Point

両面彫りの彫り方
・器の強度を保つためには浅めに彫る。
・裏面を彫るときは、表面より弱めに彫る。

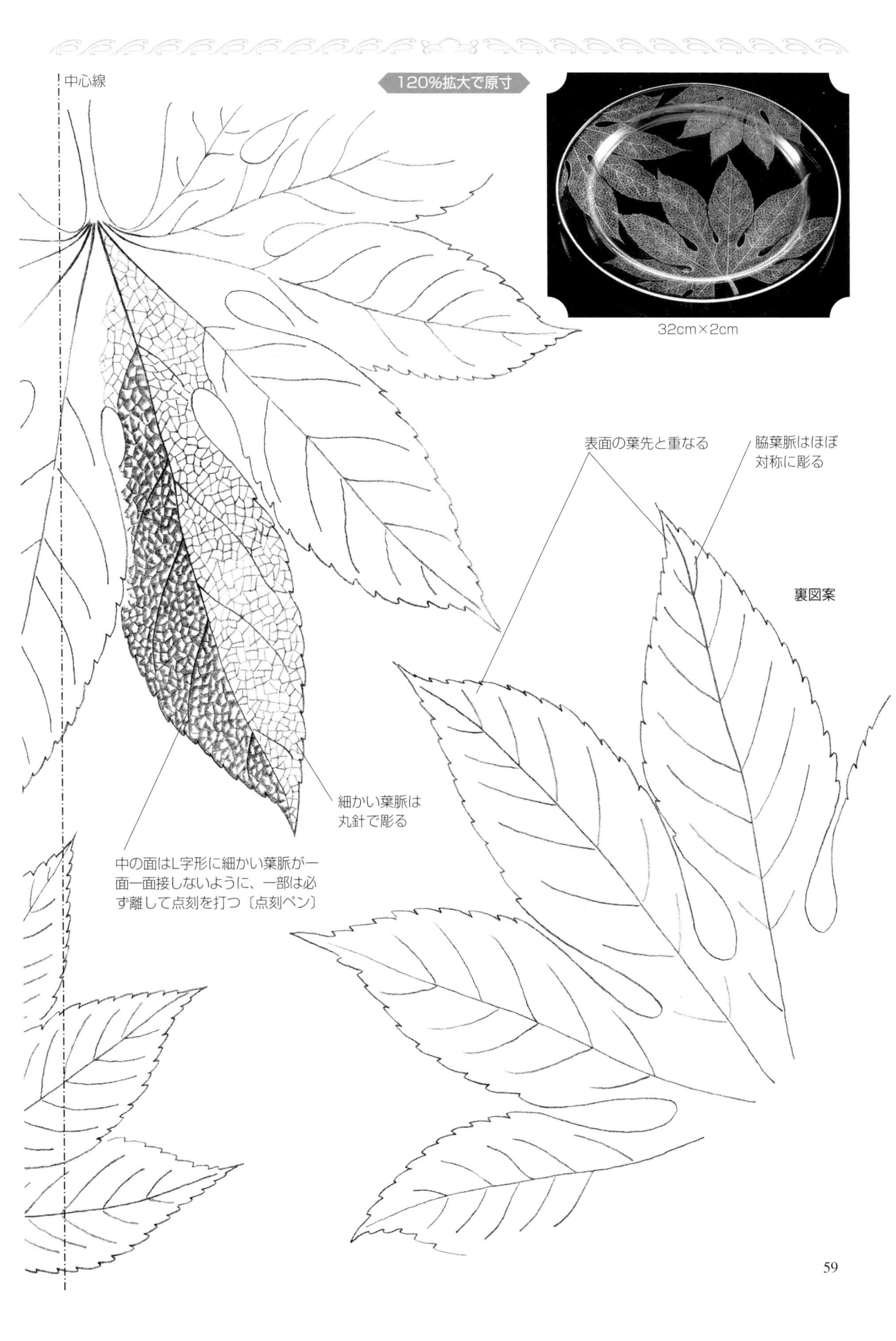

中心線

120％拡大で原寸

32cm×2cm

表面の葉先と重なる

脇葉脈はほぼ
対称に彫る

裏図案

細かい葉脈は
丸針で彫る

中の面はL字形に細かい葉脈が一
面一面接しないように、一部は必
ず離して点刻を打つ〔点刻ペン〕

59

六角大皿 —カラジュームと千日紅—

カラー口絵12ページ

140%拡大で原寸(表図案)

- 細かいらせん〔丸針〕
- 外側から葉脈の中心に向かって縁を彫る〔丸針〕
- 花びら1枚1枚は離す
- 中心葉脈を彫る〔剣先針〕
- 中央に向かって薄くする
- 花を1本1本離す
- 手前の図案から彫り始める
- 葉の裏返りは彫り潰す
- 花びら1枚1枚を1本線で彫ってから幅を膨らませ、先を尖らせて根元へ向かい薄く彫る
- 中心葉脈へ向かい、外側から内側へ斜めに彫る

中心から放射状に葉脈を丸針で彫り、剣先針で少しずつ幅を広げていく。

Point

両面彫りする器

器に水を入れると、濡れた部分の彫りが消えてしまうので、両面彫りは水を入れない器が適している。

丸　針　カラジュームの輪郭線
　　　　千日紅の葉
剣先針　千日紅の花

Point
図案の構成
　図案を器いっぱいに構成するものでも、必ず彫っていない部分を効果的に配置するように心掛ける。

31.5cm×27.5cm×2cm

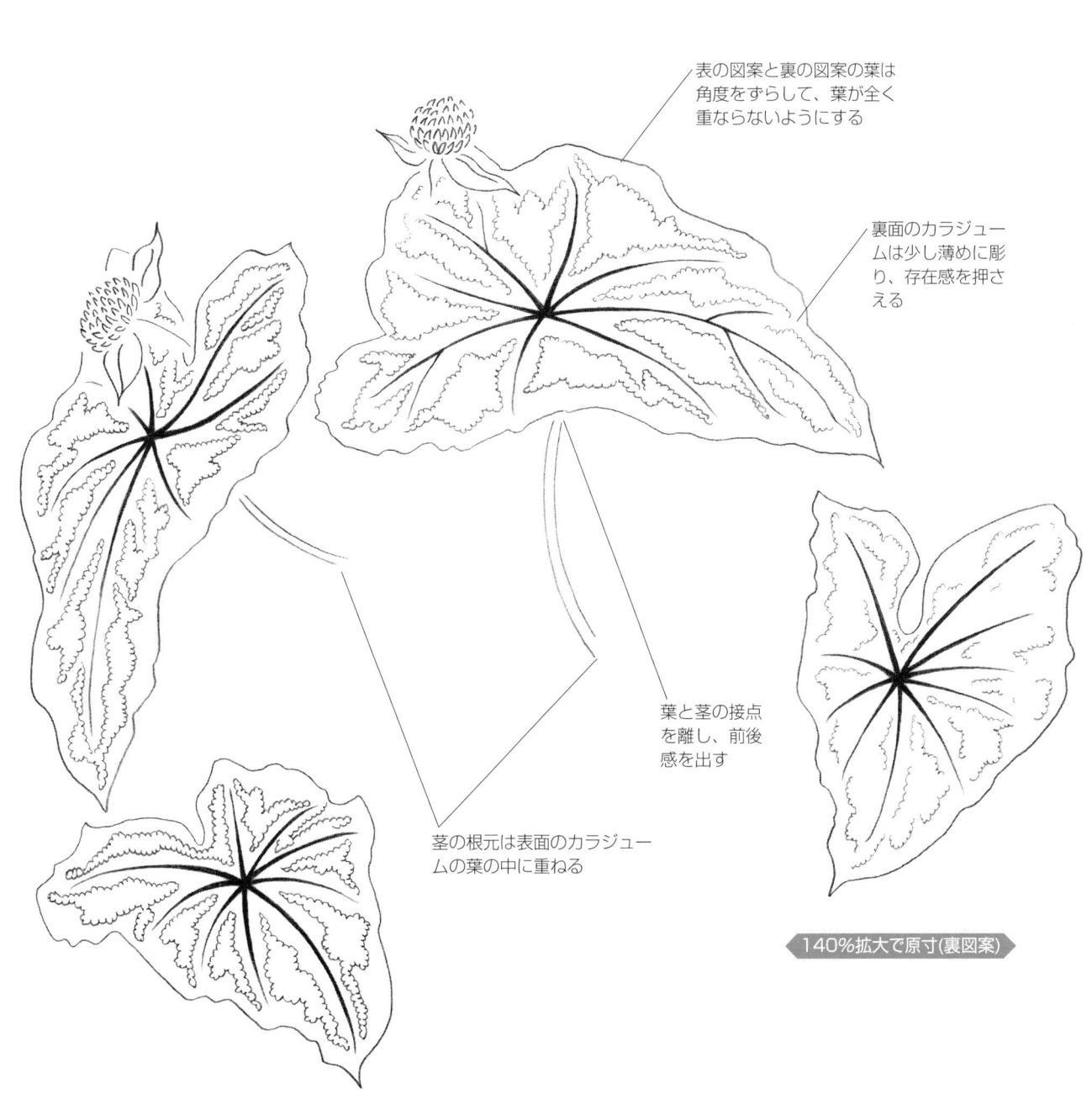

表の図案と裏の図案の葉は角度をずらして、葉が全く重ならないようにする

裏面のカラジュームは少し薄めに彫り、存在感を押さえる

葉と茎の接点を離し、前後感を出す

茎の根元は表面のカラジュームの葉の中に重ねる

140%拡大で原寸(裏図案)

タッセルと鍵の花器

カラー口絵3ページ

- 上部から下部へ薄く彫る
- 剣先針で彫る
- ここで左右対称
- 斜めの交差線を薄く彫る
- 1本線で図案を写す
- 横線を彫り、その間をいの字形を彫って中を埋める
- ここで左右対称
- 中心の1本のうねりを一つ一つ剣先針で丁寧に埋めていくように正確に彫り、左右のロープを添えるように彫る。
- 始めにこの玉から彫り、両脇を彫り広げる
- 接点を離す
- 大きなうねりを丸針で彫り、間を埋めていく

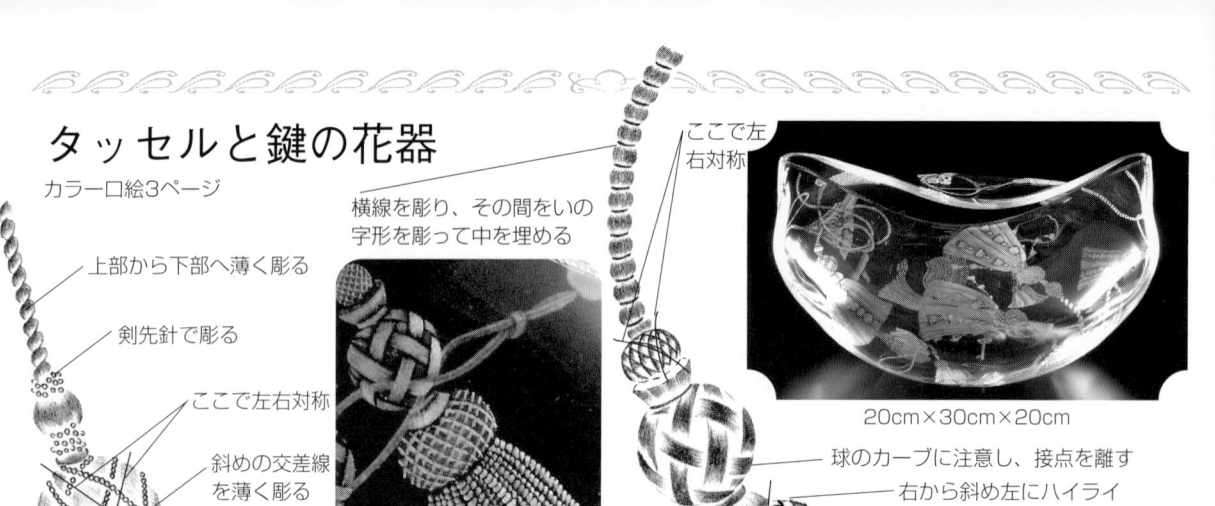

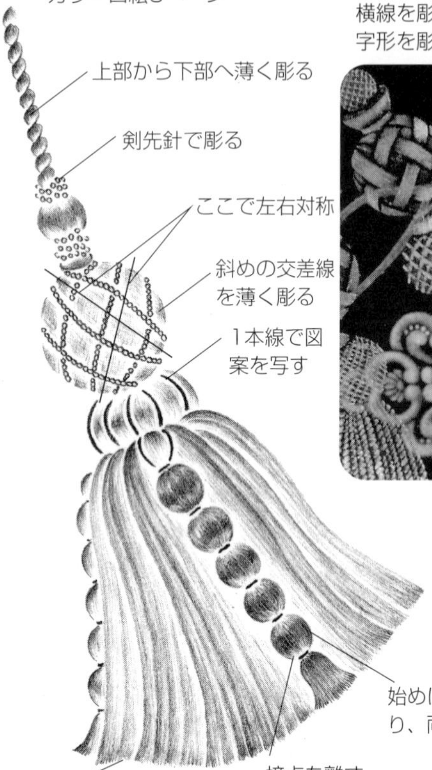

20cm×30cm×20cm

- 球のカーブに注意し、接点を離す
- 右から斜め左にハイライトを入れる〔剣先針〕
- ここで左右対称
- 途中から始まるロープ

すべて原寸

丸　　針	鍵の輪郭線　房
剣　先　針	ロープ　房
点刻ペン	鍵の内面　房の底

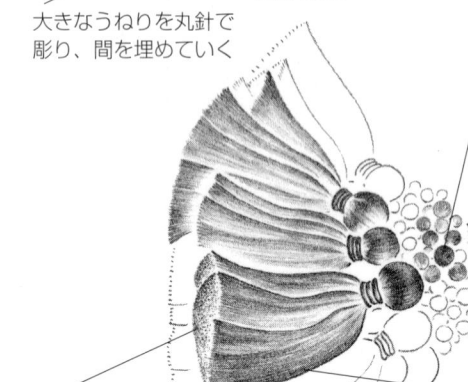

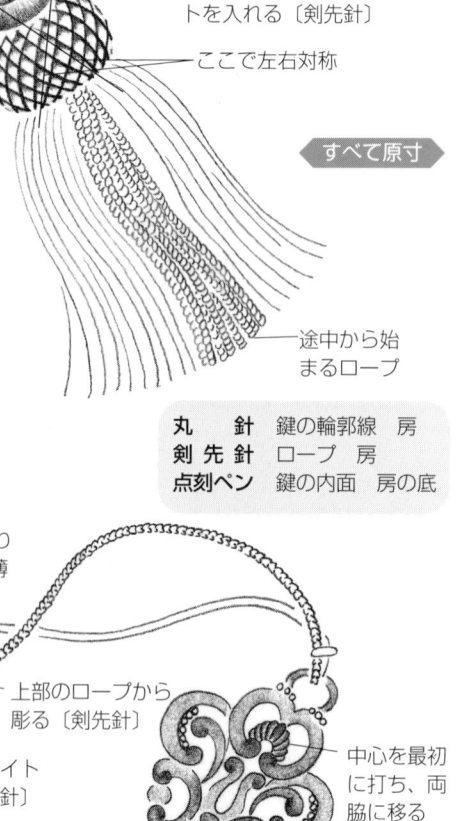

- 真円のものを最初に彫り周りの欠けている円を薄く彫り足す〔剣先針〕
- 上部のロープから彫る〔剣先針〕
- 中心にハイライトを入れる〔丸針〕
- 中心となる房から彫り両脇の房の接点を離すことに気をつけて彫る
- 房の底は点刻する
- 点刻ペンはできるだけ垂直に立て、真上から真下へ打ち下ろすことで美しい点描が打てる
- ひとつの房に強弱をつけ、流れを感じるように彫る。 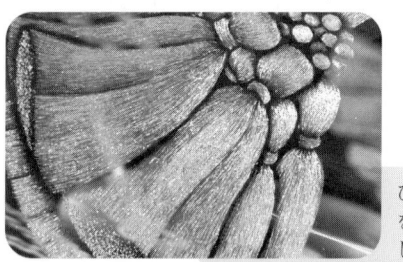
- 中心を最初に打ち、両脇に移る
- 凸面は多めに打ち、凹面は少なめに打つことにより、立体感を出す。 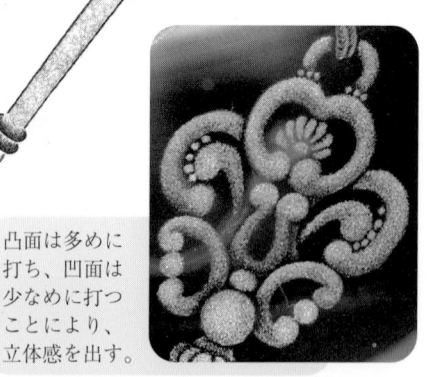

62

ソース入れ

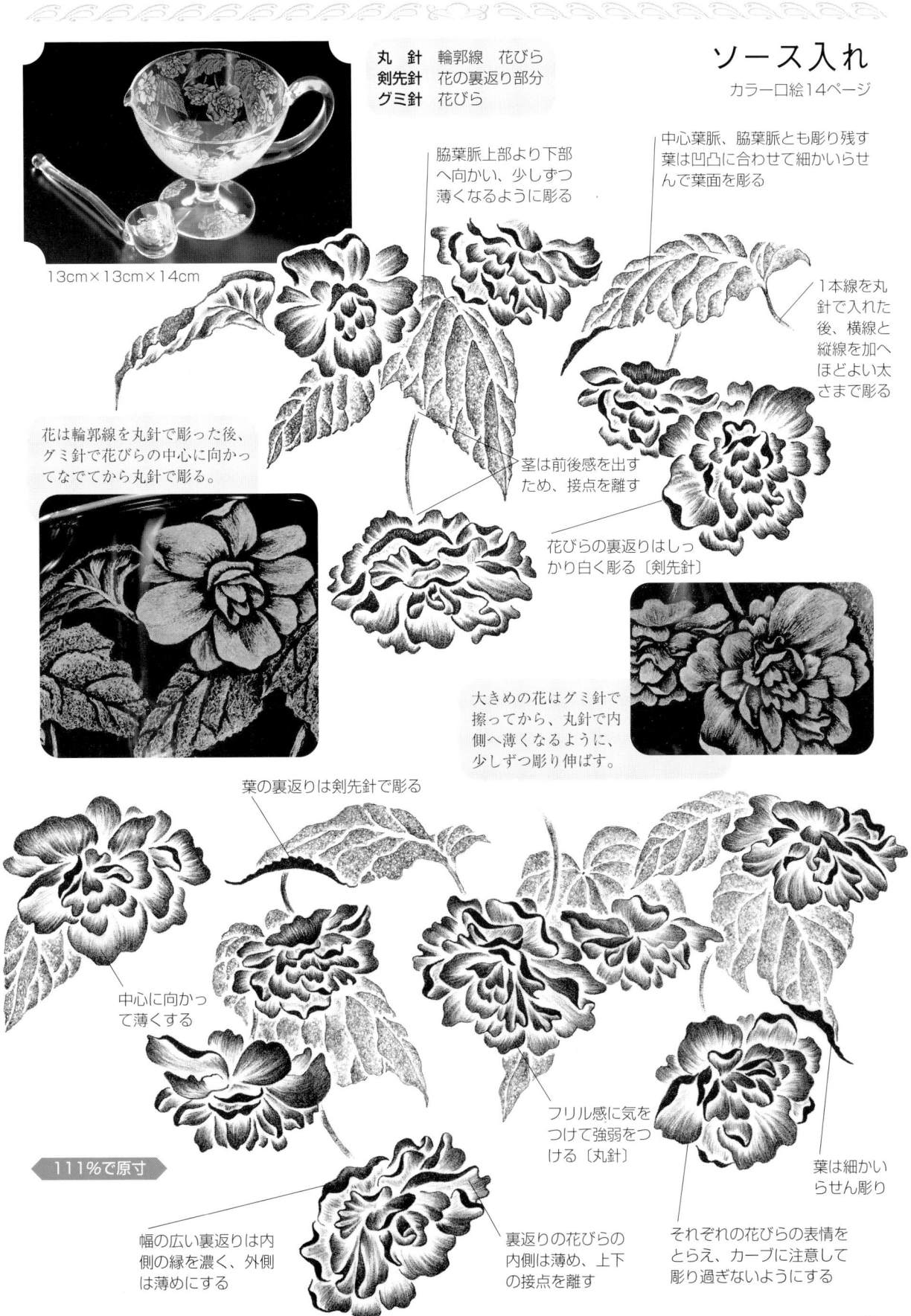

カラー口絵14ページ

丸　針　輪郭線　花びら
剣先針　花の裏返り部分
グミ針　花びら

13cm×13cm×14cm

中心葉脈、脇葉脈とも彫り残す
葉は凹凸に合わせて細かいらせんで葉面を彫る

脇葉脈上部より下部へ向かい、少しずつ薄くなるように彫る

1本線を丸針で入れた後、横線と縦線を加へほどよい太さまで彫る

花は輪郭線を丸針で彫った後、グミ針で花びらの中心に向かってなでてから丸針で彫る。

茎は前後感を出すため、接点を離す

花びらの裏返りはしっかり白く彫る〔剣先針〕

大きめの花はグミ針で擦ってから、丸針で内側へ薄くなるように、少しずつ彫り伸ばす。

葉の裏返りは剣先針で彫る

中心に向かって薄くする

111%で原寸

フリル感に気をつけて強弱をつける〔丸針〕

葉は細かいらせん彫り

幅の広い裏返りは内側の縁を濃く、外側は薄めにする

裏返りの花びらの内側は薄め、上下の接点を離す

それぞれの花びらの表情をとらえ、カーブに注意して彫り過ぎないようにする

ドレッシング入れ(大、小)

カラー口絵14ページ

丸　　　針	輪郭線　花びら
剣先針	花芯　葉
点刻ペン	花芯

小5cm×12cm　大6cm×15cm

原寸

外側より内側へ薄くなるように彫る

茎の交差は上の茎を優先し下の茎を離す

葉先は剣先針でシャープに整える

1本1本ハイライトが細くなるように、重ならないことに気をつけて数多く彫る

花芯はらせんを彫り、その上から点刻を打つ。

ドレッシング入れ(小)

Point

細かい花の繰り返し。丁寧にゆっくり楽しみながら、揺れ動く表情を出しましょう。

原寸

花びら1枚の中心に1本線を入れ、その両側を膨らますように彫り加え、幅を広げる。

ドレッシング入れ(大)

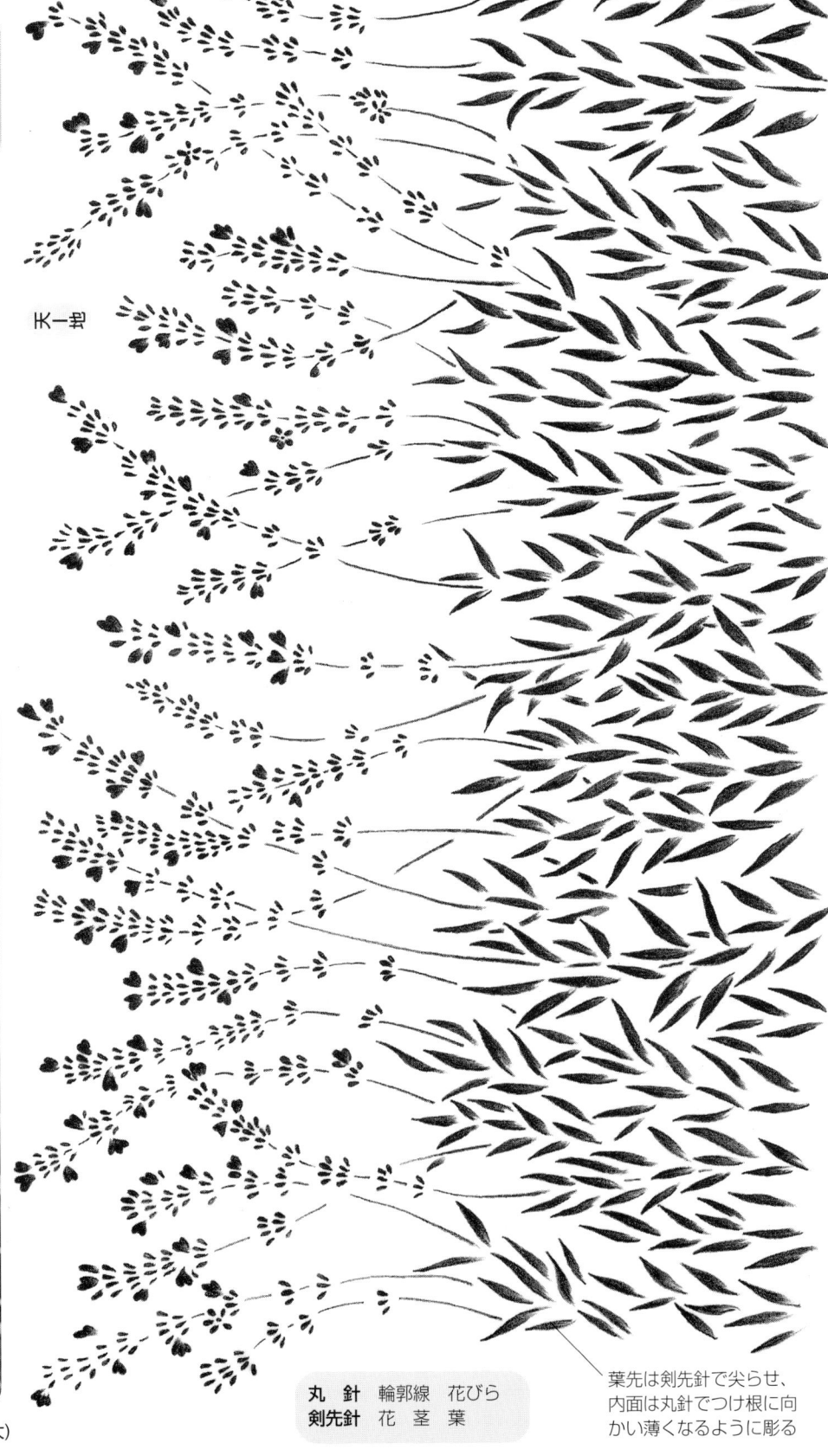

丸 針　輪郭線　花びら
剣先針　花茎　葉

葉先は剣先針で尖らせ、内面は丸針でつけ根に向かい薄くなるように彫る

スカビオサのカラフェ
カラー口絵17ページ

おしべは球ばかりでなく、半球も彫り、重なりを感じさせる。

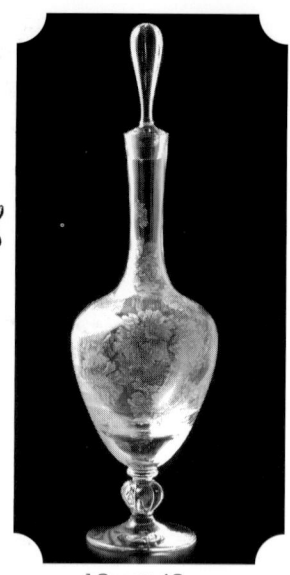

丸　　針	花びら	
剣先針	花びら	ガク
グミ針	花びら	
点刻ペン	花びら	花芯

原寸

13cm×43cm

中心の部分の円は点刻ペンで2、3回打った後、剣先針で大きくする

彫る順序
1 花芯
2 花びらの裏返り
3 花びら
4 茎

花びらは裏返りの部分を剣先針で彫り、残りの花びらの部分をグミ針でなでてから丸針で濃淡をつける。

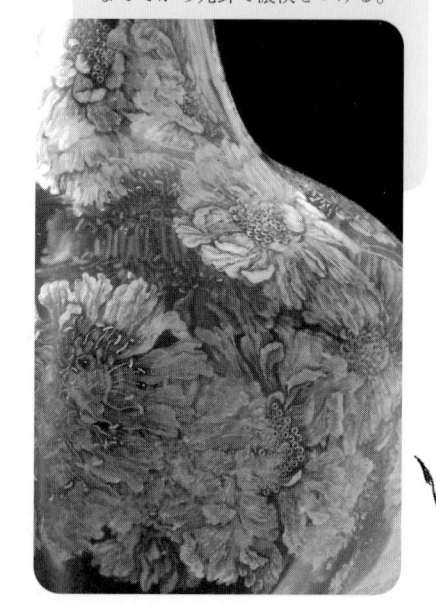

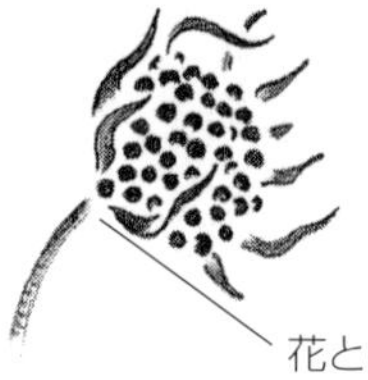

花との接点の茎のつけ根を離す

ガクは剣先針で先端から中心に向かってシャープに彫る

小花のキャンドルスタンド

カラー口絵20ページ

7cm×16cm

原寸

花芯は楕円に彫る

花先から花芯に向かって、器を動かしながら中心が薄くなるように彫る

花びら1枚1枚を必ず離す

すべての花に茎は彫らず、ポイントとなるところだけ入れる。

中心を彫り残す

花先は剣先針で整える

この花を中心に360度方向に花を広げて構成する

丸　針　輪郭線　花びら
剣先針　花びらの先　茎

うさぎの大鉢

カラー口絵22ページ

Point

大鉢の図案
ガラスの底に扇をちりばめ、どの方向から見ても違和感のないように、図案を構成する。

38cm×12cm

点刻を打つ

中心線

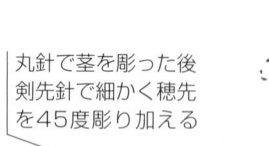

丸針で茎を彫った後剣先針で細かく穂先を45度彫り加える

中心は丸針で彫り、両脇にしずく形を剣先針で彫り加える

葉先は剣先針で整える

中心から四方へ扇形に彫り広げる〔剣先針〕

縦列と横列のつながりに注意して、あまり正確な丸を彫らず、絞りのニュアンスを出す〔剣先針〕

丸針で波形を中心に1本線を彫り、剣先針で幅を広げるように1本ずつ彫る

丸針で放射線状に5本線を入れ剣先針でしずく形に整える

丸　　針	輪郭線
剣先針	細部
点刻ペン	雲

輪郭線は丸針で彫る。目は大きめに残しておき、全体をらせん彫りで埋め、体の流れに合わせて直線で彫った後、さらにらせんで白く彫り潰す。

130%拡大で原寸

中心線

表と裏に重ねて打つ

一粒一粒を1本線で彫り、しずく形に幅を広げる。

点刻を打つ

丸針で平行線を彫り、交差線を入れる

輪郭線は破線で彫り、その線を丁寧に少しずつ彫り広げる。

一寸法師の楕円皿
カラー口絵24ページ

柳の葉の縦中心に剣先針で1本線を入れ、葉先を尖らせるように幅を広げ、根元へ向かい彫る

風がそよぐ感じを出す

原寸

着物はしわの感じを残すように彫る〔点刻ペン〕

お椀の内側は底の方に少しずつ薄くなるようにグミ針でなでた後、カーブを丸針で入れる

楕円の外側に向かい、数少なくぼかすように打つ〔点刻ペン〕

お椀の中程にハイライトを入れ、カーブ感を出す

髪1本1本を剣先針で髪の形に合わせて流れを入れる。

丸　　針	輪郭線　一寸法師　着物　お椀
剣 先 針	髪　柳
グ ミ 針	お椀
点刻ペン	波紋

和風の模様は立体感をあまり考えずに全体を白く丁寧に彫る。

25cm×16.5cm×0.8cm

花の中心を丸針で細かいらせんを重ね、その上から点刻ペンで点を打ち込む

中心から放射状に線を剣先針で彫り、その周りを点で囲む

原 寸

綱の流れに合わせて器を動かしながら、自然なうねりを表現する

丸針で輪郭線と葉脈を彫り、剣先針で幅を広げる

中心を丸針で星形に彫り、その外側を細かくらせん彫りする

鼓の模様のないところは一面に点を打つ〔点刻ペン〕

グミ針で薄く面を数回なでる

木目を出すように下から上へ平行な筋のグラデーションを入れる

油性極細ペンで菊の葉の葉脈を描き、丸針でその葉脈を残すように葉面を彫る

丸　　針	輪郭線　花の中心　葉
剣 先 針	綱　房
グ ミ 針	船
点刻ペン	鼓

虫籠の楕円皿

カラー口絵24ページ

丸　針　輪郭線
剣先針　細部

25cm×16.5cm×0.8cm

ダイヤ形を大きめに彫り残し、少しずつ狭めていく。ダイヤ形が同一になるように丸針で面を彫る。

綱は手前のものから彫り後ろとの接点を離す

表格子と裏格子の接点は裏格子の重なり部分を彫らない

原寸

剣先針で小さく円を彫る。一部内面も彫り、立体感を出す

裏に彫る

虫を籠の中に入れるため、裏面に彫る輪郭線を彫るぐらいの気持ちで剣先針で彫る

足は下から上に彫り本体との接点を離す

丸針で1本1本を平行に彫る

一線で波を丸針で彫り剣先針で幅を広げる

綱の流れに注意しながら剣先針で幅を広げていく

地炉利

カラー口絵25ページ

13cm×18cm×15cm

原寸

丸囲みの花びらが中心となる。この花びらに向かって、すべての花びらが吸収されていくように彫ると、この花がまとまる。

360度外側より中心に向かい花芯近くを薄くする

中心葉脈、脇葉脈を丸針で彫り、細かいらせんを重ねて葉面を彫る

先ははっきり彫り、中心に向かい薄めに彫る

花芯はらせんを重ね、中心をドーナツ形により強調し、仕上げに点刻ペンでアクセントを加える

丸　　針	花　花芯　葉
剣先針	花　葉
点刻ペン	花芯

花器

カラー口絵25ページ

丸　　針	輪郭線　体　装飾品　衣　台座
剣先針	体　装飾品　衣　台座
グミ針	衣
点刻ペン	装飾品　台座

> **Point**
> 彫る順序
> 1 衣
> 2 装飾品
> 3 体
> 4 台座

装飾品はすべて剣先針で髪の生え際より外側へ向かって彫っていき、接点は離す。

147%拡大で原寸

輪郭線を丸彫りで彫り、グミ針でなでてから、丸針で衣面を彫れば滑らかな流れに彫れる 衣の凹凸に合わせて濃淡をつけ動きを出す

細かい装飾品は1本線を丸針で彫り、後から剣先針で少しずつ幅を彫り広げる

円の外側へ向かい点刻の数を減らす〔点刻ペン〕

炎は先を濃く、中心に向かって薄めに打つ〔点刻ペン〕

指の輪郭線は剣先針で彫り、爪は彫り残す

点刻を打つ

外側から内側へカーブに添って器を動かしながら彫る

彫り潰す

先に炎を剣先針で彫り、後から手のひらを彫る

衣の裏返りの接点は離す

土踏まずは凹面のため、薄く彫り残す

衣と台座との間を点刻を薄く打つ

点刻ペンで点を打ち、剣先針で中心から外側へ点を彫り広げて小さな円にする

147％拡大で原寸

24cm×30cm

丸　　針	輪郭線　体　装飾品　衣　台座
剣 先 針	体　装飾品　衣　台座
グ ミ 針	衣
点刻ペン	装飾品　台座

眉、目、口は大きめに彫り残し、丸針で顔面を滑らかに彫り、剣先針でそれぞれ小さくしながらバランスを整える。

球体に見えるように中心にハイライトを入れる

円の外側へ向かい徐々に点刻の数を減らし、薄くぼけていくグラデーションに打つ〔点刻ペン〕

装飾品はすべて剣先針で彫る　1本1本中心から両脇へ左右対称に彫り上げる

折り返し部分は彫り残す

長い直線は破線を彫りつなぎ、幅を広げる〔剣先針〕

肌はグミ針でなでてから、丸針で線彫りとせん彫りを繰り返し、白く滑らかに仕上げる

中心のひだ

肌の上の装飾品を剣先針で先に彫り、接点を離して丸針で肌を白く滑らかに彫る

花びら1枚1枚を離して彫る〔丸針〕

衣は丸針で輪郭線を彫り、グミ針で衣の流れに添って滑らかになでて、凹凸に合わせて丸針で濃淡をつける

中心のひだ

爪は大きく彫り残し、剣先針で整える

反り返りは彫り潰す〔剣先針〕

花先より根元に向かいグラデーションをつけて丸針で彫る

カラーの丸皿

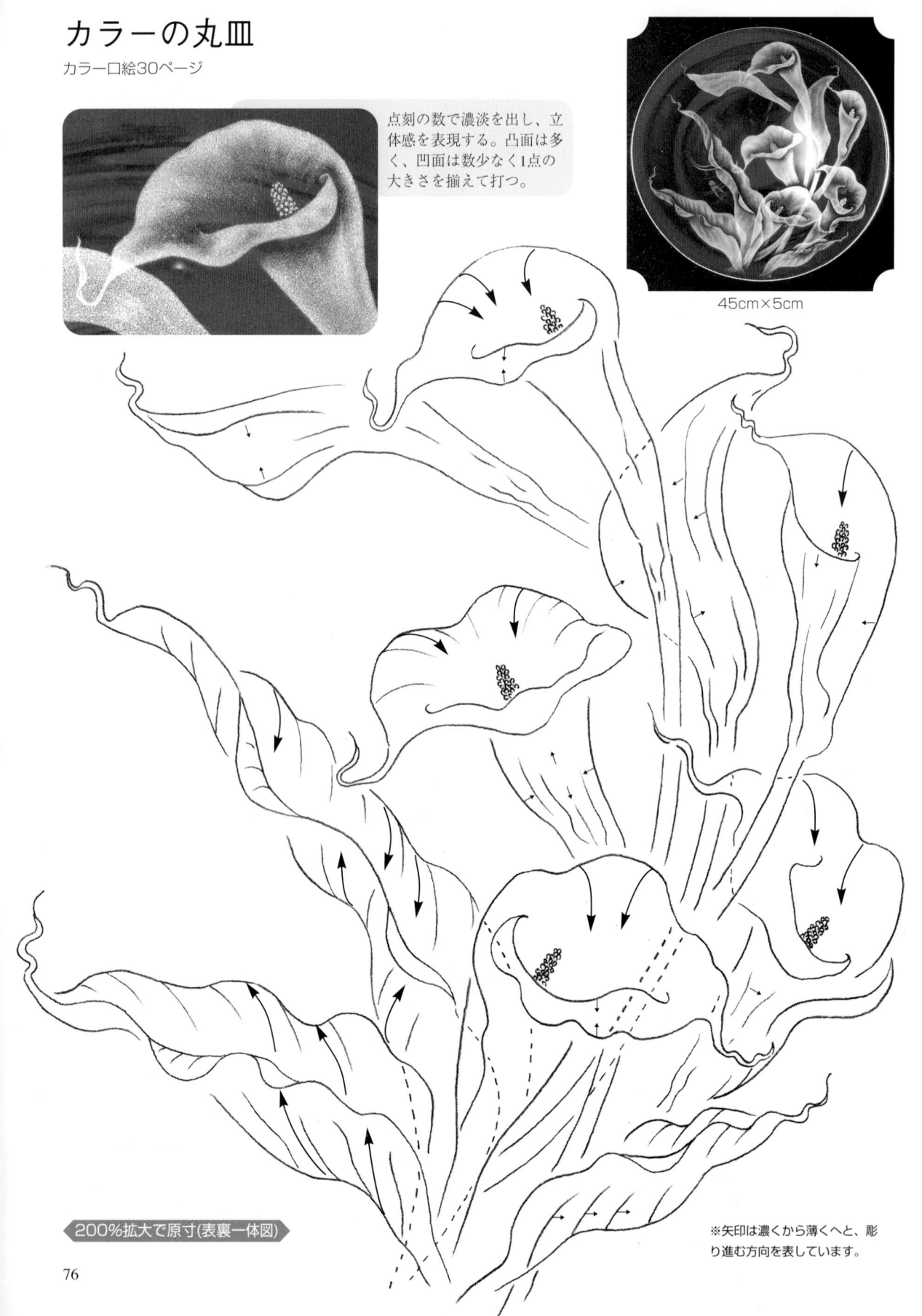

カラー口絵30ページ

点刻の数で濃淡を出し、立体感を表現する。凸面は多く、凹面は数少なく1点の大きさを揃えて打つ。

45cm×5cm

200%拡大で原寸(表裏一体図)

※矢印は濃くから薄くへと、彫り進む方向を表しています。

Point

ガラスの裏側の図案は表側より少し弱めに打つと、表側の点刻の濃度とバランスがとれる。

点刻ペン すべて

細い線はぶれないように注意して打つ

中へいくほど点刻の数を少なくし、グラデーションをつける

一粒一粒の花芯を離す

303%で原寸(裏図案)

花びらの手前と後ろ側の境目(丸囲み部分)の濃淡の動きに注意しながら打つ

縦筋を中心に強調し、花首の感じを出す

葉の裏返りの接点部分は打たない。

立体感を出すため、反り返り部分はカーブ感を出す。

葉脈線を出すために打ち残す

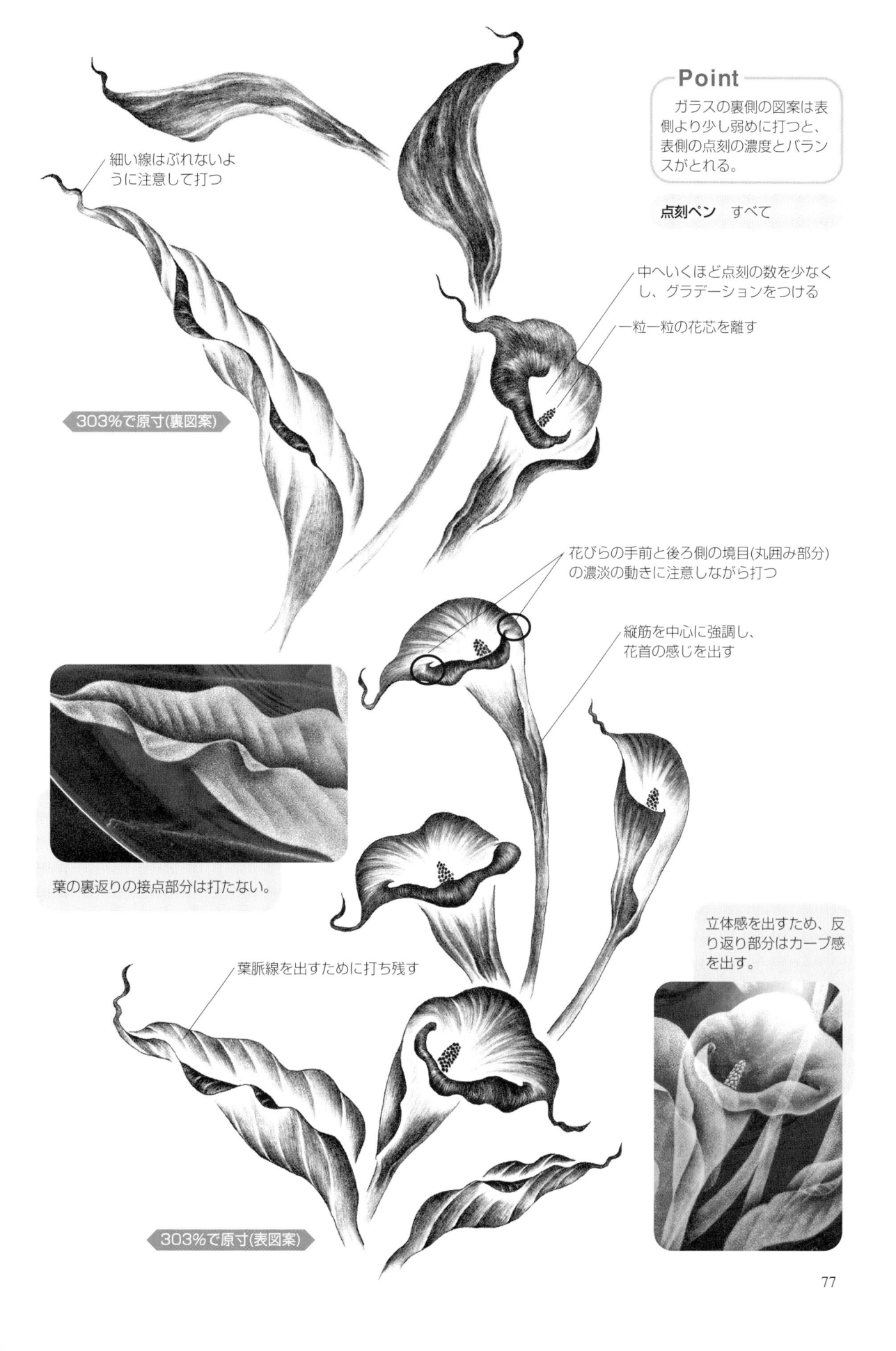

303%で原寸(表図案)

マッチ売りの少女の小皿

カラー口絵34ページ

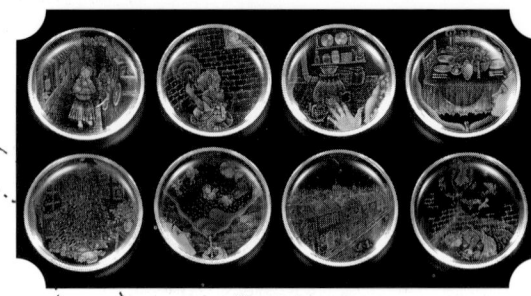

原寸(表図案)

12cm×1cm

丸　　針	プレゼント　猫　花
剣先針	ツリー　雪　その他の細部
グミ針	テーブル、花瓶などの面彫り
点刻ペン	カーテン　キャンドルの光

炎の周りは点刻で外側に薄くする〔点刻ペン〕

外に向かう程点刻の数を少なくする〔点刻ペン〕

炎の中心は彫り残す〔丸針〕

ボールは真白には彫らない

猫は細かい線を彫り足して毛並みを表現する

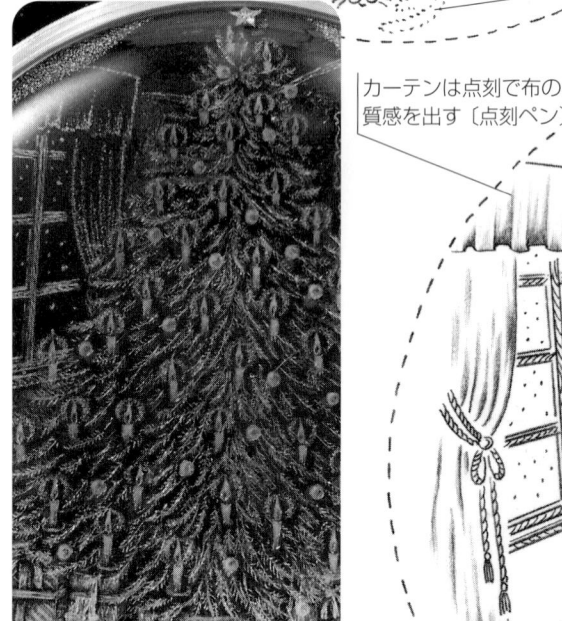

カーテンは点刻で布の質感を出す〔点刻ペン〕

表面の1/3の量の枝を彫る

壁は左から右斜めに薄く彫る

額の厚みを出す

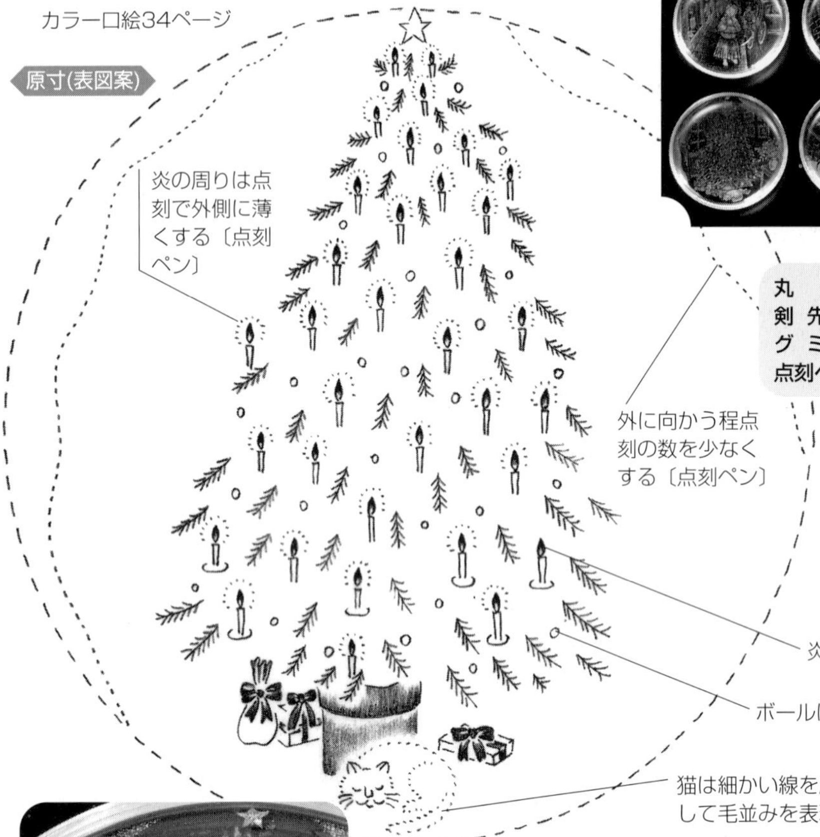

キャンドルとボールの間隔を考えてバランスよく彫り、間を小枝で埋める。ツリー全体の輪郭は小枝で彫り、後から中を彫る。

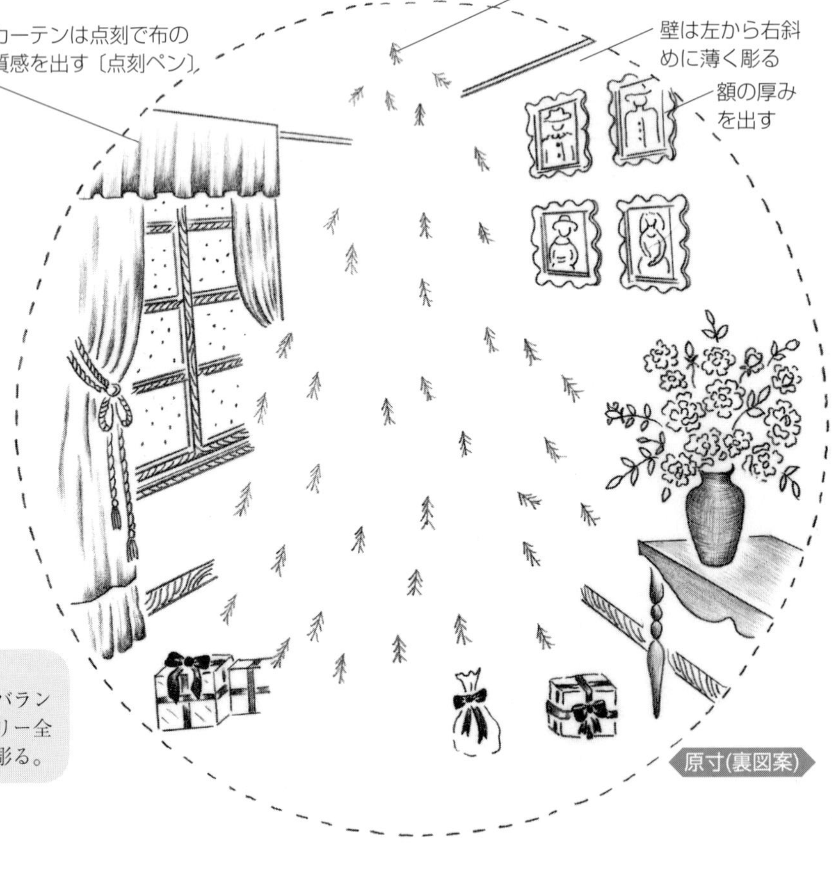

原寸(裏図案)

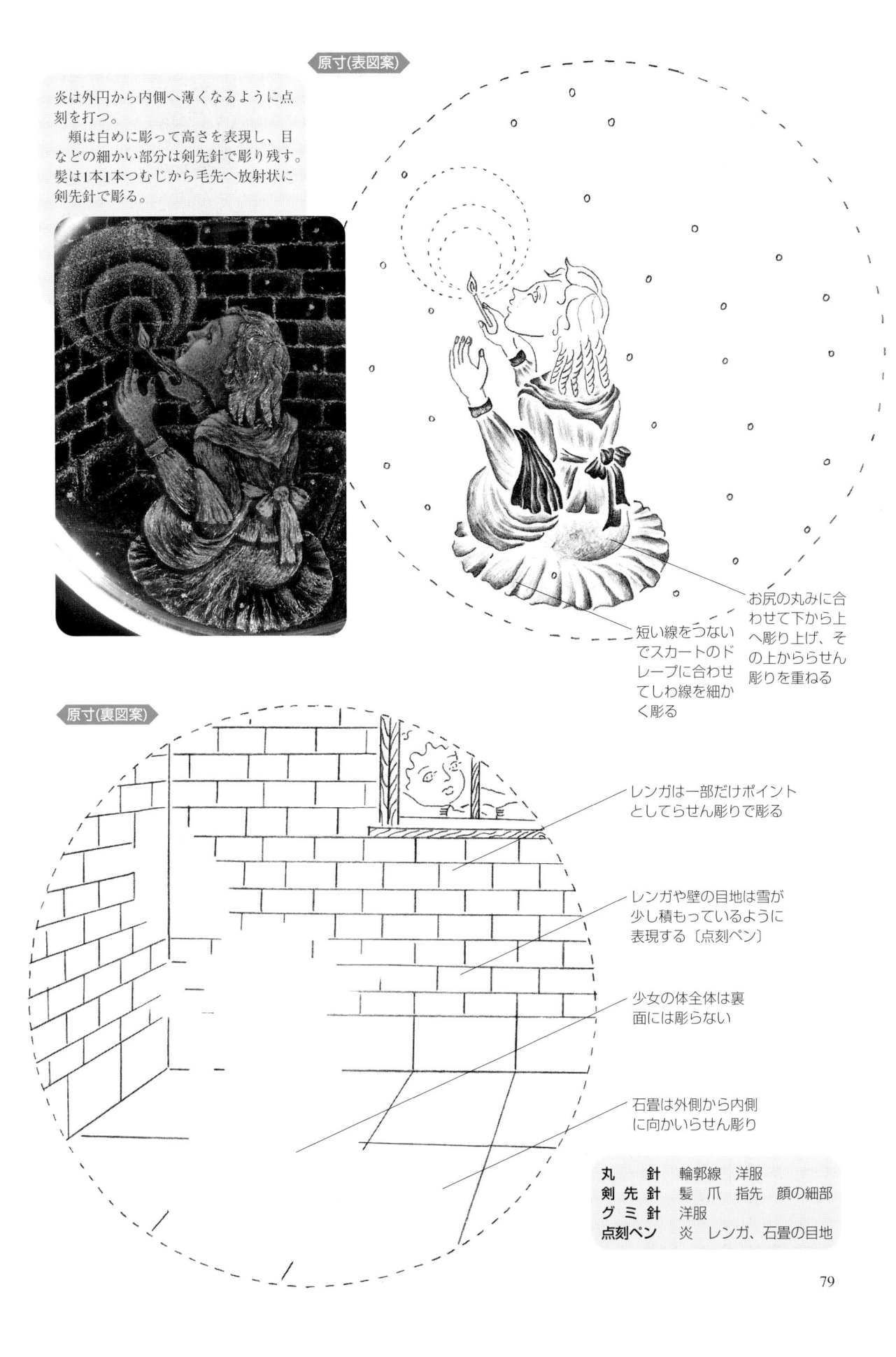

原寸(表図案)

炎は外円から内側へ薄くなるように点刻を打つ。
　頬は白めに彫って高さを表現し、目などの細かい部分は剣先針で彫り残す。髪は1本1本つむじから毛先へ放射状に剣先針で彫る。

お尻の丸みに合わせて下から上へ彫り上げ、その上かららせん彫りを重ねる

短い線をつないでスカートのドレープに合わせてしわ線を細かく彫る

原寸(裏図案)

レンガは一部だけポイントとしてらせん彫りで彫る

レンガや壁の目地は雪が少し積もっているように表現する〔点刻ペン〕

少女の体全体は裏面には彫らない

石畳は外側から内側に向かいらせん彫り

丸　　針	輪郭線　洋服
剣先針	髪　爪　指先　顔の細部
グミ針	洋服
点刻ペン	炎　レンガ、石畳の目地

インディアンの花器

カラー口絵32ページ

丸 針　インディアン　馬
剣先針　インディアン　馬

22cm×29cm×10cm

丸針で中心線を入れ、その両脇を剣先針で細かく彫り込む

丸針で細かい線を放射状に少しずつ彫り足して、柔らかな感じがでるように彫る

一束一束分かれて見えるように、手前から彫り始め、後ろのたてがみは離して彫る

毛先は剣先針で整える

房は接点を離し、幅を広げて1本1本彫る。細かい服の模様はすべて剣先針で彫る。

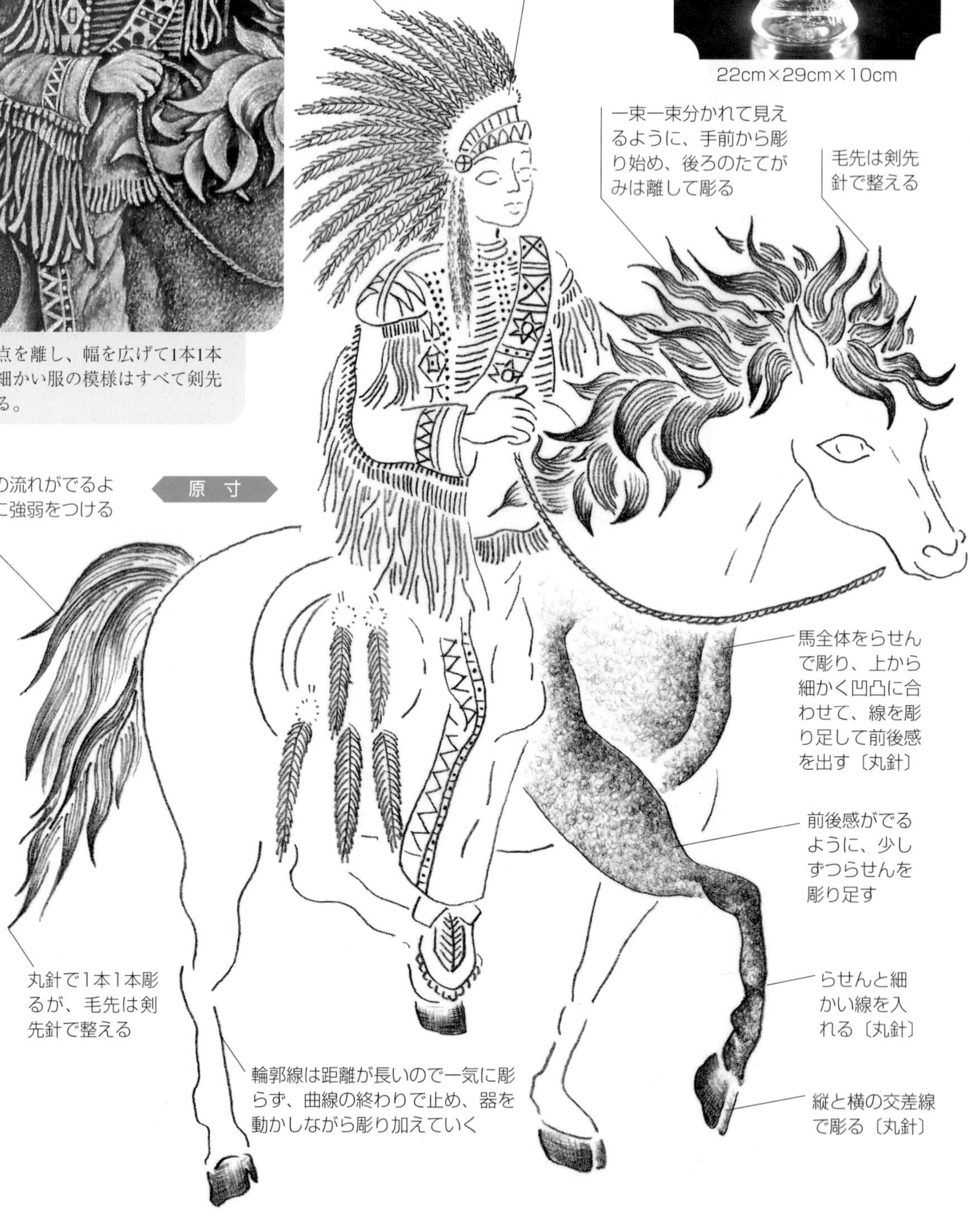

毛の流れがでるように強弱をつける

原 寸

馬全体をらせんで彫り、上から細かく凹凸に合わせて、線を彫り足して前後感を出す〔丸針〕

前後感がでるように、少しずつらせんを彫り足す

らせんと細かい線を入れる〔丸針〕

丸針で1本1本彫るが、毛先は剣先針で整える

輪郭線は距離が長いので一気に彫らず、曲線の終わりで止め、器を動かしながら彫り加えていく

縦と横の交差線で彫る〔丸針〕

嫁ぐ日

カラー口絵1ページ

すべて原寸

42cm×145cm

Point

少女を彫る順序
1 右の少女の左手
2 右の少女の洋服
3 右の少女の髪と帽子
4 右の少女の顔
5 右の少女の足
6 右の少女の右手
7 左の少女の右手
8 左の少女の髪と帽子
9 左の少女の洋服の上部
10 左の少女の顔
11 左の少女の洋服の下部
12 左の少女の足

少 女
丸 針　輪郭線　洋服　靴
剣先針　髪　レース
グミ針　洋服

ボーダー柄
丸 針　輪郭線
剣先針　各細部

左右の大きさを見比べながら、大柄な図案部分は丸針で彫り、細かなところは剣先針で丁寧に彫る。

中心線

帽子を彫った後、直接剣先針でフリルを彫り足す。

髪は1本1本丸針で流れに添って彫る

手と手の接点は離す

この膨らみを境に両側より内側へ薄くなるように彫る

靴は細かいらせん彫りを薄く彫る

棒と輪は一気に彫らず、少しずつ彫り伸ばす

ここがひだの中心、これを境に両側より内側へ薄くなるように彫る

輪郭線の替わりに細かいレースは小さな円を剣先針で並べるように彫る。

Point

彫る順序(左)
1. リボンとその縦のドレープ
2. 横のドレープ
3. 右腕
4. 背中
5. 縦のドレープの下のひだ
6. スカート
7. 帽子
8. 髪

Point

彫る順序(中央)
1. 左腕
2. 胸元
3. 右腕
4. 左手下のV字形の洋服部分
5. 後側のリボン
6. 横のリボン
7. スカート
8. 帽子
9. 顔と髪

- 羽飾りは直接剣先針で彫る
- 帽子と飾りの接点を離す
- 帽子と飾りの接点を離す
- 丸針で襟足より上へ1本1本頭の形に合わせて彫り、V字形にハイライトを入れる
- フリルは図案を写さずに直接剣先針で彫る
- ふっくらとしたリボンを表現するために、濃淡を強調してつける
- 両手の接点を離し、前後感を出す
- 二段フリルは剣先針で下から上へ彫り上げる
- 細かいらせんを丸針で彫り重ねていく
- 中心の面
- 図案を写さずに剣先針で直接彫る
- 細かいらせんの重ね彫り〔丸針〕
- 中心ひだ
- 丸針で下から上へ彫り上げる
- スカートの重なりの接点は離す
- スカートとリボン結びの接点は離す
- 剣先針で下より上へ1本1本彫り上げる

※矢印は濃くから薄くへと、彫り進む方向を表しています。

丸 針　輪郭線　ドレス　顔　髪
剣先針　顔　髪　その他の細部
グミ針　ドレス

Point
彫る順序(右)
1 左腕
2 胸元
3 横のドレープ
4 スカート
5 帽子と顔と髪
6 傘と右腕

時計の反対回りにグミ針で彫り、その上から丸針で縦線を薄く伸ばす

傘の各面の角度に合わせて接点を離す

衿は縦と横の交差線で彫る〔丸針〕

タイはボタンを残して彫り潰す

フリル感を出すために凹凸に気をつけて濃淡をつける

剣先針で縦線を彫り、周囲の接点と離す

インナーはジャケットより接点を離し、重ね着している様子を出す

下から上へのドレープは丸針で濃淡をつける

中心のひだ

レースの部分はとても細かいので、図案を写さずに、直接剣先針で彫る

左の片ひだで濃淡をつける〔丸針〕

すべて原寸

中心のひだ

丸針で細かいらせんの重ね彫り

顔は鼻を中心ととらえ、鼻から額にかけて彫り、眉は大きく彫り残して少しずつ形を整える。頬は丸針でらせんと顔に添った線を繰り返し、滑らかにする。口も大きく彫り残してから、小さく形を整え、まつげも大きく彫り残し、剣先針で少しずつ細くしていく。

Point

彫る順序
1 左腕
2 ウエディングドレス
3 ドレス胸元(インナー)
4 髪飾り
5 髪
6 顔
7 右腕
8 チュール

髪は1本1本平行に彫る〔剣先針〕

凸部は濃く、凹部は薄く縦に彫る〔剣先針〕

レースは剣先針で一つ一つの丸を彫り残し、中心に針先を向け、白く彫り潰す

グミ針でなでた後に丸針で薄く彫る

花びらを1本線で彫り、しずく状に膨らませる〔剣先針〕

まゆげは大きく彫り残して、少しずつ細くして形を整える

爪は彫り残す

チュールはグミ針でなで彫りした後に、丸針で継ぎ足しが分からないように薄く彫り重ねる

ふくれ織りの雰囲気を出すために、丸針で細かくらせんを重ね、多く重ねたところが凸部にあたる

模様は白く彫り潰す〔剣先針〕

丸　針　輪郭線　ドレス　顔　髪
剣先針　顔　髪　その他の細部
グミ針　ドレス

すべて原寸

> **Point**
> 彫る順序
> 1 左腕
> 2 ジャケット
> 3 スカート
> 4 右腕
> 5 帽子
> 6 顔と髪

- 羽は中心に1本線を彫り、V字形に剣先針で1本1本線を加えていく
- 帽子の内側はカーブに合わせて濃淡をつける
- 髪は1本1本丸針で彫り縦にハイライトを入れる
- タイは剣先針で1本線を彫り、幅を広げる
- まつげを最初は太めに彫り残し剣先針で少しずつ細くしていく
- ボタンは1点を少しずつ大きくしていく
- 細かいところはより接点を離すように心掛け、剣先針で1本線から彫り始め、幅を広げていく
- 房は剣先針で1本1本丁寧に彫り、立体感をだすために横にU字形にハイライトを入れる
- ドレスはグミ針で流れに合わせてなで彫りし、丸針で上より濃淡をつけながら、流れをなぞるように滑らかに彫り、カーブにハイライトを足す
- 中心ひだ
- 後からカーブを彫り足す

※矢印は濃くから薄へと、彫り進む方向を表しています。

天使のフォトフレーム

カラー口絵7ページ　図案89ページ

Point
目…白眼を両端に打ち、ほんの少し中央にハイライトを入れる。
頬…ハイライトは多めに加え、鼻の両脇はあまり打ち過ぎない。
口…中央の線はいれ過ぎないように注意する。

点刻ペン　すべて

- 最初に髪の流れを多めに打ってから、頭全体に打つ
- 羽はそれぞれ先が濃くなるように彫る
- ドレープは一ひだごとに濃淡をつける。凸面はどれも濃いめに打ち、接点に向かって薄くなるように打つ
- 足の裏はくっきり濃く彫り、指は1本ずつ離し、小さめの楕円を打ち、形を整える
- 指の骨の感じを残すため、多めに打つ
- 背中から腹に向かいだんだん薄くなる
- 中心のひだ（ここから打ち広げる）
- くるぶしは少し濃いめに打つ

聖母子の丸皿

カラー口絵5ページ　図案90,91ページ

- 中心から彫り、両脇に膨らましていく 
- タッセルの断面は点刻ペンで、内側を少なめに打つ
- 布はらせんを細かく彫り重ね、柔らかさを表現する〔丸針〕
- おしべとめしべを彫ってから、周りの花びらはそれぞれ離して彫る
- 花びらの内側は中心を一筋彫り残す
- 葉脈線を彫り残す
- デコレーションはそれぞれの接点を離す
- 曲線を表現するためにハイライトを多めに入れる〔丸針〕

丸　　針	輪郭線　花　人物
剣先針	葉　花　人物
グミ針	面
点刻ペン	人物　揺りかご

デカンタ

カラー口絵11ページ　図案92ページ

Point

散る花びら
花びらの配置は、風の流れを意識して彫る。

おしべの小さな点は点刻ペンで小さなキズをつけ、その上から剣先針で丸を大きくしていく

葉は中心を1本線を彫り、左右対称の葉面になるように彫り加える〔剣先針〕

枝は縦と横の交差線で彫り、部分的に濃く彫り足してゴツゴツした雰囲気を出す

花びら1枚1枚は離して彫る

丸　　針	輪郭線　花びら
剣 先 針	葉　おしべ　ガク
点刻ペン	おしべ

膝を感じさせるようにらせん彫りを多く彫り重ねる

外側から内側へ薄くなるように点刻の数を減らしていく〔点刻ペン〕

まつげは1本1本太めに彫り残し、徐々に細くしていく〔剣先針〕

服は凹凸に合わせて凸部は多め、凹部は少なめに丸針で細かいらせんを繰り返し重ねていく

服のしわの感じを残す〔丸針〕

グミ針でなで彫りした後、丸針で丁寧に針の継ぎ足しが分からないように少しずつ彫り伸ばす

小花のキャンデーBOX

カラー口絵19ページ　図案93ページ

丸　　針	輪郭線　花びら　花芯　葉脈
剣先針	葉　おしべ
点刻ペン	花びらの面

花びらは1枚1枚離す

クロッカスの花は花先からガクに向かい、薄くなるように彫る

丸針で輪郭線と葉脈を彫り、葉先へ向かい脇葉脈下部をらせんで細かく描くように彫る

おしべは剣先針で1本線を小さく彫り、その左右を膨らませるようにしずく状に彫り足す

花びらは中心に向かい薄くなるように彫り、花芯は横長の楕円を彫り潰さない程度に剣先針で彫る

グミ針でなでてから丸針で花芯に向かって薄くなるように彫る

中心葉脈を入れ、脇葉脈を彫り残す

シクラメンのコンポート

カバー　図案94,95ページ

丸　　針	輪郭線　葉脈　茎　花びら
剣先針	葉　ガク
グミ針	花びら
点刻ペン	葉

反り返っている花びらは上下より丸針で彫りつなげる

葉裏は茎へ彫り下げる

ガクは中心葉脈を彫り、脇葉脈を彫り残す〔剣先針〕

グミ針で花びらのカーブに合わせてなでるように彫ってから、丸針で滑らかに彫り、花の動きに合わせて濃淡をつける

L字形の脇葉脈の流れの特徴を太めにしっかり彫る

茎は丸針で中心を彫り、縦に幅を広げるように彫り、交差線を入れて円柱の感じを出す

らせんで彫った後、点刻ペンで強調する

| 原 寸 | カラー口絵7ページ　解説86ページ

天使のフォトフレーム

24cm×13cm×0.5cm

聖母子の丸皿

カラー口絵5ページ　解説86,87ページ　　すべて原寸

中心線

中心線

30cm

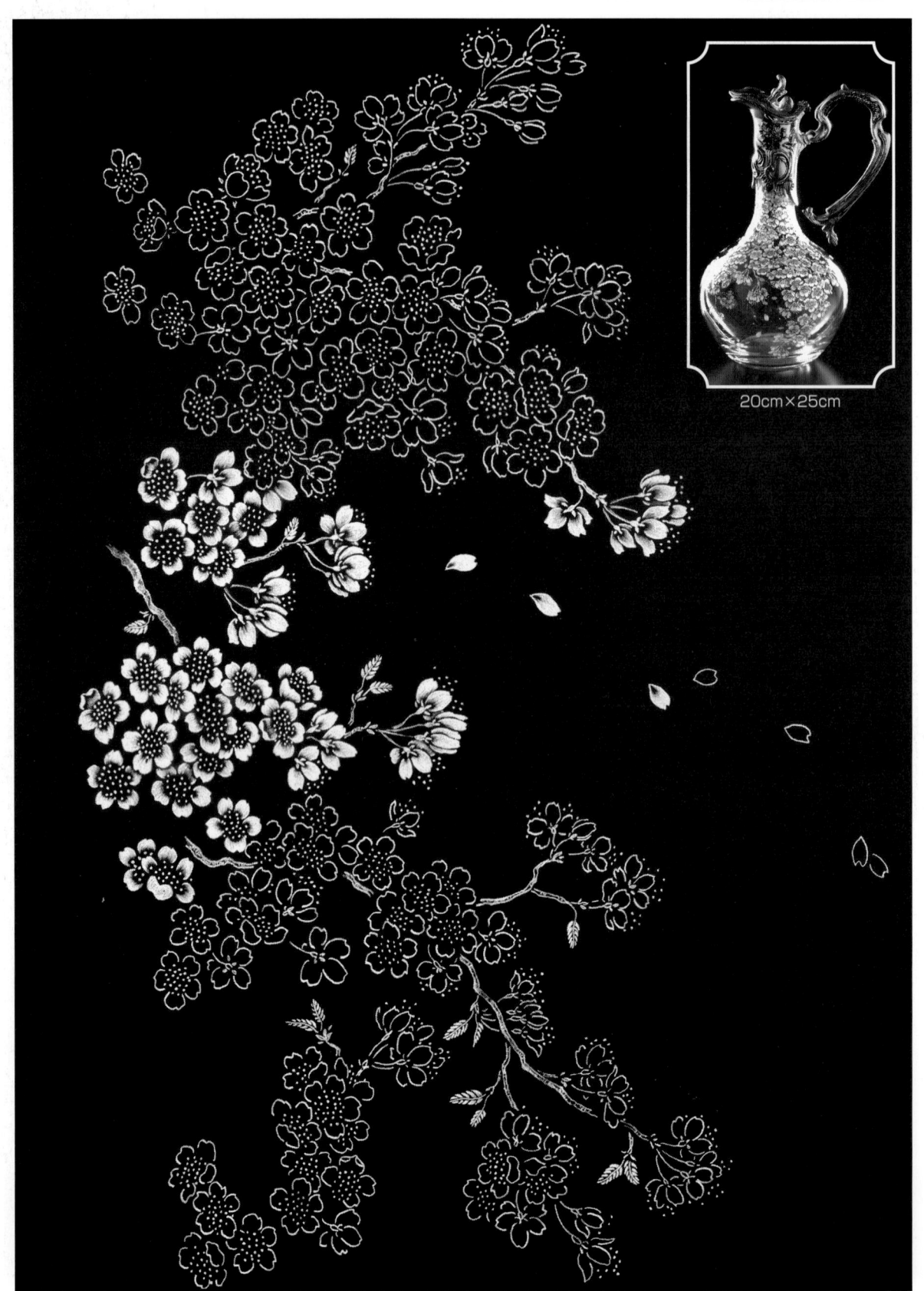

デカンタ

カラー口絵11ページ　解説87ページ　125%拡大で原寸

20cm×25cm

125%拡大で原寸　カラー口絵19ページ　解説88ページ

小花のキャンデーBOX

18cm×23cm

シクラメンのコンポート　カバー　解説88ページ

すべて原寸

40cm×25cm

95

著者紹介

井上裕子（いのうえ　ゆうこ）

1976年	株式会社小学館 第四出版部美術歴史編集部退社
1979年	代官山バプティストチャーチ・ カルチャーセンター工芸指導
1981年	アメリカンクラブカルチャー部工芸指導
1982年	オーストラリア・ ニュージーランドソサエティ工芸指導
1985年	代官山ギャラリー　26人展
1993～2000年	各地のカルチャーセンターにて指導
2000年	ベルギー　ルーベン市主催　ジャパン・フェスティバル参加 国立科学博物館　ダイヤモンド展出展
2001年	東京ビックサイト　日本ホビーショー出展
2002年	京都知恩院別院にて手彫りガラス展開催予定
著書	グラスリッツェンを楽しむ「私の手彫りガラス」マコー社刊
その他	ホテル女性講座、企業一日講習セミナーなどで多数講座を開催 東急百貨店本店、恵比寿ガーデンプレスにて作品展を開催
住所	〒152-0023　東京都目黒区八雲5-7-17

作品協力者（順不同）

中村理江　尾崎未和　石田淑代
太田千香　星澤芳江　二瓶和子
吉川澄枝　伊東伸子　船越律子
寺脇美香　油井優子　高野吏里子
星野紀代子　福島純子　瀬下ミツ子
長井那智子　浮田牧子　長沼祐子
三上直美　長谷川敏子　柳本純子
石田静子　洞ヶ瀬美智子　佐々木由紀
松井郁夫　吉田時子　桜井勝恵
月野日出子　神道朱実　新垣洋子
中田智子　川野英子　中名生迪子
太田正枝　浅田祐美子　垣本和子
守山その子　西郡智子　大塚あゆみ
高田伊知子　前田美江　今村克子

人形製作／檜物美菜子
ガラス製作／土肥硝子工業所
コーディネーター／草野裕子

グラスリッツェンフィールド協会教室一覧

蒲田東急産経学園
TEL03-3733-1585
東京都大田区
西蒲田7-69-1
蒲田東急プラザ7F

横浜産経学園
TEL045-311-4461
神奈川県横浜市
西区南幸1-5-1
相鉄ジョイナス3F

銀座産経学園
TEL03-3571-6662
東京都中央区銀座5-2-1
銀座東芝ビル3F

自由が丘東急産経学園
TEL03-3718-4660
東京都目黒区
自由が丘1-30-3
自由が丘東急プラザ5F

大阪産経学園
TEL06-6373-1241
大阪市北区芝田1-1-4
阪急ターミナルビル7F

恵比寿社会保険福祉センター
TEL03-3719-4841
東京都渋谷区
恵比寿南3-9-8

昭和女子大学オープンカレッジ
TEL03-3411-5100
東京都世田谷区
太子堂1-7

目黒学園カルチャースクール
TEL03-3442-7533
東京都品川区上大崎
2-16-7　MICビル5F

ジュリアンカルチャースクール
TEL0422-20-7775
東京都武蔵野市吉祥寺本町2-16-17　ウエストサードアレイビル2F

熱田の森文化センター
TEL052-683-2323
愛知県名古屋市
熱田区神宮3-6-34
名鉄パレ百貨店6F

NHK京都文化センター
TEL075-343-5522
京都府下京区
東洞院通塩小路下る
ルネサンスビル6F

スペースプレジール
TEL03-3719-9443
東京都目黒区
下目黒4-2-2

健康クラブ　ソピア下北沢
TEL03-5486-9859
東京都世田谷区
代田5-20-38

読売カルチャー　サロン青山
TEL03-5485-5513
東京都渋谷区神宮前5-53-67　コスモス青山B2F

ユザワヤ芸術学院　津田沼校
TEL047-474-4141
千葉県習志野市谷津7-7-1

華麗なグラスリッツェン
もっと素敵な手彫りガラス

著　者　井上裕子（いのうえ　ゆうこ）
発行者　田波清治
発行所　株式会社マコー社
　　　　〒113-0033　東京都文京区本郷4-13-7
　　　　TEL　東京 03-3813-8331（代）
　　　　FAX　東京 03-3813-8333
　　　　郵便振替／00190-9-78826
印刷所　大日本印刷株式会社

Ⓒ 2001　Yuko Inoue
Printed in Japan

macaw

平成13年11月28日初版発行

定価はカバーに表示してあります。落丁・乱丁その他不良の品は弊社でお取り替えいたします。
ISBN4-8377-0401-8